U0643803

共识与承诺是团队采取有效行动并达成目标的关键转折点。智慧的引导者或领导者总是愿意投入时间和精力来推动这一过程。本书将帮助任何希望引领团队积极改变的人事半功倍。

CONSENSUS

达成共识的四大关键要素：

- 有意义的愿景

- 有参与感的过程

- 个体的承诺

- 协作的团队

CORWIN
A SAGE Company

学校引导力提升丛书

贵在共识

达成团队共识的70种方法

[美] R. 布鲁斯·威廉姆斯（R. BRUCE WILLIAMS）◎ 著

张树金◎ 译

教育科学出版社

·北 京·

作者简介

R. 布鲁斯·威廉姆斯（R. Bruce Williams），美国资深教育咨询顾问与培训师，教育科学出版社首席签约培训师，上海真爱梦想公益基金会教师发展学院名誉顾问。作为元老之一，在文化事业学会（The Institute of Cultural Affairs，ICA）工作了 20 年（1969—1989）。拥有超过 40 年的教育咨询和成人培训经验，在教育领域有着丰富的团队发展及组织变革的专业经验。专注领域：参与式引导，战略规划和建立共识的参与式工作坊，课堂教学策略培训。曾在北美洲、南美洲、亚洲、非洲、大洋洲的多个国家和地区开展各类主题的教育咨询和培训活动。曾受聘于美国芝加哥德保罗大学，面向师范生设计和教授成人教育学课程。

2015 年以来，受上海真爱梦想公益基金会邀请，持续主持"校长引导力 F 计划变革领导力训练营"，广受欢迎。2016 年以来，与教育科学出版社合作，为北京教育学院、北京市海淀区教师进修学校、北京市海淀区中小学干部研修中心、重庆市北碚区教师进修学院等组织机构实施教师培训师、教研员、干部培训师培训，为北京市海淀区中关村第三小学、北京交通大学附属中学教育集团、贵州省贵阳市第一中学、贵州省贵阳市观山湖小学、贵州省实验中学等中小学校实施教师课堂教学策略培训，得到各类学员的高度评价。

他著作颇丰，代表作有：《学校变革，我们一起来！——教育引导者的 12 种角色》（*Twelve Roles of Facilitators for School Change*）、《贵在共识：达成团队共识的 70 种方法》（*More Than 50 Ways to Build Team Consensus*）、《提升学习共同体团队士气的 36 种工具》（*36 Tools for Building Spirit in Learning Communities*）、《适应脑功能的模块化教学》（*Brain Compatible Learning for the Block*）、《合作学习有讲究》（*Cooperative Learning: A Standard for High Achievement*）、《差异化学习中的多元智能》（*Multiple Intelligences for Differentiated Learning*）、《高阶思维培养有门道》（*Higher Order Thinking Skills: Challenging All Students to Achieve*）等。

译者简介

张树金（Simba），国际引导者协会（International Association of Facilitators，IAF）认证专业引导者（Certified Professional Facilitator，CPF），Everything DiSC 认证培训师（Certified Trainer），国际认证顾问（International Consultant Certification，ICC），欣赏式探询实践者（Appreciative Inquiry Practitioner），翻译出版了《共识决策：用对话建立共识，获取支持度和执行力》《欣赏式探询团队协作案例集：21 个优势工作坊》，参与了《学问 ORID：100 种提问力创造 200 倍企业力》中文版审校。

推荐序一

我于 2016 年夏天通过教育科学出版社刘灿主任认识了热情友善的布鲁斯·威廉姆斯先生。我从他手中接过一张名片，姓名后没有机构，只是注明"Facilitator, Trainer and Author"（引导者、培训者、作者）。这别具一格的称谓立刻给我留下了深刻印象。

承蒙教育科学出版社的信赖，我有了与布鲁斯·威廉姆斯先生合作（说来惭愧，对于我来说主要还是学习）承担首批教育引导者训练营的机会。我很快就惊奇地发现，布鲁斯·威廉姆斯先生不仅善于激励和引导团队学习，善于做培训者培训，还著有很多引导专业领域的书籍。与他的亲密接触，使我受益匪浅。我学习他的方法来改进自身从事的教师研修，也取得了更加鲜活有效的成果。

布鲁斯·威廉姆斯先生集 30 余年专业实践经验编著的《贵在共识：达成团队共识的 70 种方法》，以建构共识为宗旨，聚焦"有意义的愿景""有参与感的过程""个体的承诺"和"协作的团队"四个实践领域，提供了 70 种具体的引导方法，为专业引导者、领导者、社团活动组织者和教师借助建构共识策略、开启变革进程提供了实际可行的工具和方法论支持。

布鲁斯·威廉姆斯先生深谙多元智能理论的成人学习规律，总能以他极为娴熟的方法加上他极具人格魅力的话语及肢体语言引导全体学习者（无论学术背景或年龄大小）忘我地参与到学习过程中，并渐渐学会了同伴分享与团队学习。他特别主张用有意义的问题引导大家反思各自既有经验，并借助问题链将来自参与者貌似碎片化的点滴知识与心得汇聚为体现集体合作学习的共识。他创造了太多的让人不愿结束的学习现场。事实表明，这种"共识建构"与我们习惯了的"知识传授"相比，更能激发每个人的学习积极性，并从中获得有意义的成就体验。

此外，这本书的中文版的高质量还获益于张树金（Simba）的翻译。他不仅自身具有很高的引导专业资质，还在翻译过程中率先应用书中的方法，从而使得本书的译文更加到位。因此，我作为一名受益者，也作为作者和译者专业领域里的朋友，愿意向各位有志于探索"共识建构"学习境界的朋友们推荐这本可读又可用的工具书。相信本书一定能够催生更多教育界及各行业的"共识建构"故事。

张铁道

2023 年 9 月 12 日

推荐序二

　　这年头儿要做好团队领导者（Team Leader）越来越不容易了。团队成员越来越年轻，"90后"甚至"00后"都出来工作了，他们的主体性与自我意识很强，带领这样一群青年工作，团队领导者不能再靠职务的威权，而是需要找到另外的方式让团队运作顺畅、充满动能，其中必备的能力就是建立共识。

　　专业引导者的核心职责之一，就是帮助组织或团队建立共识，只不过不同的引导者会有专属的引导"场子"。当需要有人专门扮演引导者角色的时候，议题都是颇有难度与分量的。而组织或团队在面对这些颇具挑战的议题时，就需做好心理准备，愿意以比较长的时间去经历一个精心设计的讨论流程，以确保共识的建立。

　　团队领导者面对的现实，往往是要针对既有的工作以及不同的会议场景，用各种方式去建立共识，助力团队高效运作乃至推进行动。场景虽然不同，但是共识的本质是一样的，简而言之就是让一群人一起感受与思考，进而达成相对一致的共同理解。在这样的基础上做参与式的决策，就能确保后续的承诺与行动。

　　《贵在共识：达成团队共识的70种方法》这本书给了团队领导者四个方向：

　　有意义的愿景（Purposeful Vision）；

　　有参与感的过程（Participative Process）；

　　个体的承诺（Individual Commitment）；

　　协作的团队（Collaborative Teams）。

　　在这四个方向的指引下，本书整理出70种方法来助力团队达成共识。书中都是简单、实用、有效的工具，没有晦涩难懂的技术名词，只有按步骤进行的流程指导和对关键概念的说明，对于团队领导者来说是实操性很强的工具，即便没有受过系统的引导培训也能使用这些引导工具。对于学过引导的引导者来说，这本书更是个宝库。你能找到原则性的方向建议，也能找到不少好用的提问句式和参与形式的搭配组合。这本书可以说是引导者书架上不可或缺的灵感小帮手。

最后要介绍一下布鲁斯老先生。他在引导领域颇负盛名，在教育领域耕耘数十载，奉献引导方法给教育界，成果令人感动。我多次在国际年会上参与布鲁斯主持的主题讨论，他风趣又生动的引导方式令我印象深刻。这本书就是身为引导领域"老司机"的布鲁斯，用建立共识的实战经验绘制出来的工具地图。他以浅显易懂、容易上手的方式，让大家掌握团队共识的方法。译者张树金（Simba）是国内引导领域的先行者之一，他在引导领域的不懈努力，以及他对书籍翻译的考究精神，都让这本书变得异常精彩。因此，我特别欣喜地推荐本书。

许逸臻（Laura Hsu）

IAF 国际引导者协会认证的专业引导者及评审

2018 年国际引导影响力金奖得主

译者序

感谢你使用本书。作为译者，通过自问自答 4 个问题来证明你选对了书。

1. 为什么翻译本书？

我从 2006 年开始在企业里接触引导，当时要帮团队做一些行动改善项目。那时的直觉就是，这类项目不能靠培训或说教解决，必须让团队成员参与进来，讨论、承诺和行动。其实，那时我还不知道什么是引导，只是碰巧用了引导而已。

机缘为我埋下了引导的种子，也让我有机会从 ICA 的 ToP（Technology of Participation，参与的技术）方法开始学起。ICA 的全称是 The Institute of Cultural Affairs，即文化事业学会。它是一家为社区与组织赋能的国际性非营利组织。过去几十年里，ICA 在全球开展了广泛的引导、咨询、培训、研究和出版工作。由 ICA 开发的 ToP 方法，已被很多组织、机构和个人所了解，我也是由此开始学习和实践引导的。

R. 布鲁斯·威廉姆斯先生曾是 ICA 芝加哥分会的雇员。在过去几十年里，他和很多同事在那里共同开发和实践引导。1993 年，他出版了本书原著第一版，2006 年又出版了第二版，就是本书的原著。据我了解，本书是国际上很多引导实践者的必备工具书。很多人把它当作案头"红宝书"，需要时拿来翻一翻，然后就去用。有一些国内外的同行和朋友都和我提起过此书。

我第一次见到布鲁斯是在 2015 年，当时他在为上海真爱梦想公益基金会做第一期校长引导力训练营。我以承办方教育科学出版社特邀观察员的身份观摩了布鲁斯的工作坊。一开场，我就被他的教学和引导风格所吸引。首先，他用的引导方法和我所学的同宗同脉；其次，这些方法在他手里用起来活灵活现。看过他的引导，自己平时遇到的诸多困惑和纠结早已不见了踪影。从那一刻开始，我喜欢上了这位 70 多岁、半头白发的美国老人。随即自费几千块钱从美国买来布鲁斯的全套英文书，决心要好好学一下老先生的功夫。后来，教育科学出版社与布鲁斯先生合作在教育领域推广引导，我有幸协助布鲁斯做了很多培训和工作坊，收获良多。所以，当他们计划出版此书时，我自告奋勇申请担任本书的翻译。

2. 这是一本怎样的书？

时代在变，未知和不确定性在增加，管理的范式也要有所改变。越来越多的组织、管理者和专业人士都在寻求不确定环境下的有效管理手段。我认为参与式引导方法，就是能够引领组织变革、推动业务创新、促进团队改变、打造自组织团队和参与式管理文化的硬核抓手。

作者在书中谈到有效引导的四大特点，即创建有意义的愿景、建立有参与感的过程、增强个体的承诺和打造协作的团队。当我们能够实现这四大目标时，就能让团队更好地参与进来，进而促进有效改变的发生。因此，在我第一次看到这个模型时，立刻被吸引，暗下决心一定要把它学透，用到自己的实际工作中。

本书就是按照这四大特点，分别给出了实用的工具和方法，你可以随时拿来就用。据我了解，书中的这些方法都是作者多年实践经验的总结，是被实践证明了行之有效的工具。我现在可以公开地告诉你，在翻译本书的这两年里，我一边翻译一边用，70 种方法差不多用了个遍。真的很好用（谁用谁知道）。此外，作者还针对上述四个特点，分别从初、中、高三个级别编排了工具和策略，以便读者根据团队和自己的实际情况来灵活选用。

更为关键的是，这本书是专门谈建立团队共识的工具书。很多管理者或专业人士对共识的认识一直有很多误区。到底何谓共识？如何建立共识？有什么抓手可用？作者通过书中 70 种参与式活动（工具或策略）给出了自己的答案。

不管你是不是专业引导者，只要你经常带领团队，尤其是你不想再靠发号施令而是想更多地通过成员的参与来推动团队工作，请仔细读完本书。请反复读和坚持用下去，你肯定不会后悔。相信我，准行！

3. 本书适合谁用？

上面说了，这本书适合任何带领团队工作的人读，尤其适合两类用户。一类是第三方专业人士，如团队引导者、培训师、咨询顾问、教练等。这些人经常需要一些带领团队有效工作的方法，作为一本工具书，里面绝对有你喜欢的干货。另一类是团队管理者、项目经理、基层主管，包括校长、教研员、教师培训者。这些人经常要明确团队目标、鼓励团队参与、激发团队承诺并通过打造高效的团队来完成任务。如果你尝试用书中的某些方法去带领团队工作，你其实就是在转向一种引导型的领导方式，路虽然未必好走，但尝试过的人通常都不想折返。相信我，只要你敢用，就会有效果。

我译此书的初心和原动力，就是想把它介绍给国内千千万万的一线管理者。不管你来自什么组织，不管你是首席执行官、副总裁、总监、经理、主管，还是校长、班主任、教研员、家长或是社会工作者，只要你正在带领或协助团队，本书就能帮上你。

另外，我要提醒你：本书宜看更宜做。看，只是知道；做，方能带来改变。

4. 对未来有何期待？

作为译者，我期待尽可能把作者的思想和引导的精神传递给读者和使用者。但限于本人有限的英文和引导水平，难免有不准之处，真诚期待读者和用户不吝反馈。

有一次在北京市海淀区某场校长引导力培训期间用午餐时，我和布鲁斯说，我把你的书译成中文送给大家，咱们试试看，能不能让 1000 人受益，让 10000 人得到帮助？或者干脆，我们胆子再大一点，让 100000 人、500000 人甚至 1000000 位读者或用户受益于这本书？老先生笑而不语。

我对布鲁斯说，我真心祝福这本书能够为更多的中国读者和用户带来帮助，真心希望每一位读者朋友都能因此书而受益！

不管怎样，剩下的事全归你了。

让我们，由此踏上有效帮助团队建立共识之路！

张树金（Simba）

2023 年 10 月 1 日于北京

目　录

中文序　　　　　　　　　　　　　　　　　　　　001

致谢　　　　　　　　　　　　　　　　　　　　　003

出版社致谢　　　　　　　　　　　　　　　　　　005

前言　　　　　　　　　　　　　　　　　　　　　007

关于建立团队共识的介绍　　　　　　　　　　　　009

第一部分　有意义的愿景

第1章　可视化共同方向：初级策略　　　　　　**023**

　　1. 期待与渴望对话　　　　　　　　　　　　　024

　　2. 快照　　　　　　　　　　　　　　　　　　027

　　3. 有收敛的头脑风暴　　　　　　　　　　　　030

　　4. 三年后的电视台名人专访　　　　　　　　　033

　　5. 共同方向摘要　　　　　　　　　　　　　　036

　　6. 过去、现在和未来　　　　　　　　　　　　039

第2章　创建清晰可见的文档：中级策略　　　　**042**

　　7. 卡片头脑风暴　　　　　　　　　　　　　　043

　　8. 会议产出文档　　　　　　　　　　　　　　046

　　9. 实物产出　　　　　　　　　　　　　　　　049

10. 报告 051

11. 产出装饰墙 053

12. 文章 055

第3章 阐明整体框架：高级策略 057

13. 奇迹之墙 058

14. 全球事件对话 061

15. 简报 065

16. 组织原则工作坊 067

17. 有意义的愿景表 070

18. 所有利益相关者 073

第二部分 有参与感的过程

第4章 激发全员参与：初级策略 080

19. 提出真正的问题 081

20. 重要事件 084

21. 投票 087

22. 语言 090

23. 电视新闻报道 093

24. 提问而非宣告 096

25. 旋转木马 099

第5章 组织会议焦点：中级策略 101

26. 具体产出 102

27. 时间流程表 105

28. 会场 108

29. 物料 111

30. 会议计划表 114

第6章　测试团队的一致性：高级策略　　**117**

31. 共识的标准　　118

32. 工作坊流程　　120

33. 三合一剧本　　123

34. 共同写作工作坊　　126

35. 绘制共识之路　　129

36. 达成一致：说明与重申　　132

37. 测试共识　　135

第三部分　个体的承诺

第7章　引发具体任务：初级策略　　**140**

38. 任务志愿者　　141

39. "什么—谁—何时"卡片　　144

40. 时间表　　146

41. 出勤　　148

42. 任务分工表　　151

第8章　扩大对个体的认可：中级策略　　**154**

43. 具体的赞赏　　155

44. 个人庆祝活动　　158

45. 反馈　　160

46. 使用人名　　163

47. 个性化工具　　165

第9章　导向个体担责与宽恕：高级策略　　**167**

48. 短时周会　　168

49. "我对……感到紧张"的对话　　171

50. 执行收获对话　　173

51. 成功前的庆功会　　175

52. 承诺的象征   177

第四部分　协作的团队

第 10 章　强化团队认同：初级策略　　**184**

53. 团队成员名单   185

54. 队名   187

55. 队标   189

56. 团队座右铭   191

57. 队歌   193

58. 团队仪式   196

第 11 章　增加支持性连接：中级策略　　**198**

59. 成功的团队故事   199

60. 领导权轮换   202

61. 开场热身对话   204

62. 二或三人头脑风暴   207

63. 让差异可视化   209

64. 团队庆功会   212

第 12 章　促进团队反思：高级策略　　**214**

65. 回顾伙伴   215

66. 内容回顾   217

67. 会议回顾   219

68. 团队回顾   221

69. 日志或日记   223

70. 职业动机对话   225

结束语　　**228**

参考书目　　**229**

中文序

我们生活在一个人人都渴望参与到影响其生活的任何决策过程中的时代。在自上而下的决策模式向参与式决策模式转变的过程中，我发现人们缺少交互式、跨层级决策所需的工具和策略。正是因为看到这个缺失，我才写了这本书。

书中介绍了任何专业背景下的人都可以使用的工具和策略。这也意味着，读者可从书中找到与团队需求或引导者经验相匹配的实用工具。

本书共有四个主要部分：有意义的愿景、有参与感的过程、个体的承诺和协作的团队。"有意义的愿景"中的工具可以帮助团队理解其存在的原因。"有参与感的过程"中的工具可以使团队更加积极地运作。"个体的承诺"中的工具可以用来增强团队成员在执行特定任务时的动机。最后，"协作的团队"中的工具则有利于提升团队的凝聚力和协同力。

这些工具和策略可以成功地应用于各种环境与场所。企业管理者、引导者、顾问、培训师和教练们会发现它们很实用，校长、教师、教师培训师和教研员们也将发现这些工具和策略特别适合用在教育场景中，而社会组织工作者们也会发现书中的方法能普遍地提高他们的工作效率。

我真心邀请大家尝试创造更多适合自己的工具和策略。本书不是建立团队共识故事的结束，而是我们在建立共识过程中群策群力和创造性改变的开始。

R. 布鲁斯·威廉姆斯

致　谢

　　我在文化事业学会（ICA）工作了20年，那里的同事让我学会了团队引导的技能。我们每天在ICA内部和外部使用参与式共识建立的方法，这帮助我们每个人加深了对促进团队成员连接的技能与风格的关注与学习。有关ICA引导的智慧，可以从本书多次引用的由劳拉·斯宾塞（Laura Spencer）所著的《成于众志：用建导参与方法迎接企业变革的挑战》①一书中找到答案。本书中的某些方法源于我在ICA的经历，还有一些是我在那里工作和培训时获得的灵感。

　　我很感谢那些使用过本书并想方设法让我知道这本书对他们有所帮助的人们。在教育、商业和非营利组织里，有很多人发现这本书是一份宝贵的资源，这对我来说是非常欣慰的。

　　家人和无数的朋友给予了我耐心和关注，并促成我最终完成了本书的写作。杰克、理查德、吉姆和约翰一直在我身边支持和关心着我。

---

　　①　译者注：《成于众志：用建导参与方法迎接企业变革的挑战》，劳拉·斯宾塞著，杜文君等译，复旦大学出版社2005年出版。

出版社致谢

Corwin 出版社特别感谢以下审读者的贡献：

朱迪斯·艾伦·布拉夫，宾夕法尼亚州葛底斯堡学院教育系教授兼系主任

玛塔·安·加德纳，加利福尼亚州洛杉矶市埃斯佩兰萨小学识字教练

托尼·琼斯，俄克拉荷马州埃德蒙市鹿溪中学校长

特蕾莎·波林·凯恩，缅因州匹茨菲尔德市华沙中学七年级和八年级教师

斯蒂芬·H. 劳布，密苏里州罗拉市罗拉中学校长

前　言

　　当今时代的工作环境已发生了巨大的变化，团队协作越发重要，这就需要用工具和策略来引导团队建立之前从未建立过的共识。但是，要想将组织从自上而下的科层式决策模式转变为基于共识的团队决策模式并不容易，这样的转变并无简单明了的模型可循。组织需要共识工具来迈向未知的领域。

　　当我们运用这些工具和策略创建有意义的愿景、建立有参与感的过程、增强个体的承诺和打造协作的团队时，共识才有可能发生。缺少任何一部分，共识都可能失衡或不完整。没有愿景，就没有共识的焦点，也找不到达成共识的理由。没有有参与感的过程，团队就不可能从通过多次开会来建立共识的复杂局面中走出来。没有个体的承诺，就没有坚持共识与达成目标的动力。最后，没有协作的团队，建立共识的任务将极其艰难，恐怕还没能达成共识，人们就已经垮掉了。

　　建立共识并非一日之功，这需要逐步培养和达成。无论如何，你都可以从现在开始，与团队一起搭建有利于促进共识的舞台和营造有利于共识发生的环境。当你选用本书的某些工具或策略时，你就会创造出帮助团队建立信任和深度共识的系列方法。

　　本书适合任何对建立共识感兴趣的人阅读。你可以从头读到尾，了解建立共识的过程和帮助团队建立共识的 70 种方法，也可以直接翻到你感兴趣的方法（活动）那一页，看一看或是用一用。

　　你还可以选择不同等级的策略。如果你的团队是初次聚在一起或是刚刚组建起来，那初级策略可能会很有帮助。如果你的团队已经在一起工作了好几个月并且表现得还不错，也许只是有一点小障碍，那看一看中级策略是否适合你们的情况。那些一直运作良好的团队可能会觉得高级策略更有利于发挥团队的优势。

本书还按照完整共识的构成分为四个部分：有意义的愿景、有参与感的过程、个体的承诺和协作的团队。也许会有迹象表明，你的团队只需使用书中某些策略就够了。

如果你的团队正深陷于执行日复一日的单调任务，那"有意义的愿景"中的策略可能会对你建立和恢复团队的大局观与活力有帮助。

如果你的团队内部充满争议或存在混乱，那"有参与感的过程"中的策略对引导和凝聚团队的能量可能会有所帮助。另外，如果你不想让一两个人控制整个团队的会议，这部分内容也会特别有帮助。

当你发现团队或很多人拒绝承担责任，或总是让一两个人担责时，"个体的承诺"中的策略可能对你比较有帮助。

最后，如果你的团队意志力坚强，每个人都很能干并且也都为完成任务倾注了心力，只是很少共同开展工作，那就使用"协作的团队"中的策略。要知道，我们的文化长期以来总是更多地鼓励强有力的个体行为而忽视团队协作。

如果要了解书中某些概念背后的理论与研究，请阅读每一部分的导语。导语部分总结了其他专家与实践者关于共识的见解。每种方法前的"引言"则强调了该部分的主题。

毫无疑问，如果某种方法看起来对你的团队没有用，那就看看别的，直到发现有感觉的方法。如果你对某种方法有感觉，但它并不适合你的团队，那也请再找找别的方法，直到发现适合你们所有人的方法。有些方法需要你直接在团队中使用，有些方法则需要你在团队会议前或会议后使用。

使用之后，你可能会觉得有些方法还不错，那就请花一点时间想一想：有哪些地方做得好？人们对你的做法感觉如何？你为什么觉得自己做得还不错？下次使用时你会在哪里做出改善？这种自我回顾和反思练习能提升你作为引导者的能力与信心。

如果我有机会听到你使用后的反馈，比如"它们是怎样帮助到你的？哪些有用？效果如何？是否受挫？你是怎样改进这些方法的？"，我将感到非常高兴。当你使用这些方法时，你正在用以前很少有团队采用的方式去打造团队，你正在开创一种全新的工作方式。期待你有机会告诉我。

关于建立团队共识的介绍

为说明本书第二版的写作背景，我想在导语部分总结一下过去十多年在三个关键领域的一些发现。首先是脑科学研究领域。脑科学研究为我们阐明了大脑是如何有效工作的，以及我们要怎样利用大脑的工作原理。毋庸置疑，这项研究将为教育带来深远影响，同时也会对领导力带来巨大的影响。因此，第二个领域我会聚焦在人们近期关于有效领导力的研究成果上。最后，鉴于人们对了解共识建立过程的需求不断增多，我要谈的第三个领域便是共识本身。

脑科学研究

脑科学研究人员发现，大脑有三个不同的部分：脑干、中脑和新皮层（大脑皮质）。脑干也被称为爬行脑，因为它类似于爬行动物的大脑。中脑也被称作哺乳脑，这是人类尚处在早期哺乳动物时代就发育出来的大脑结构。新皮层则是人类与其他灵长类动物发育出来的大脑结构。

此外，脑科学研究发现大脑有三种功能。第一种功能包括生存、性、呼吸和消化等自然功能或本能。所有这些都是在无意识状态下发生的，并且这些功能都集中在脑干部位。

第二种功能与处理情绪、记忆和社交有关。有时这个功能区域也被称为边缘系统。有一点很重要，就是这些功能，比如记忆，可能发生在中脑，也可能发生在新皮层。

第三种功能是高阶思维。语言技能、分析技能和创新技能都属于第三种功能，其中很多功能位于大脑的新皮层。

脑科学研究的一个关键发现是"放慢节奏的倾向性"（downshifting）。高挑战性任务与情境会促进高阶思维的发展，高威胁性任务与情境则通常会让人们跳离高阶思维，并启动中脑的情绪反应功能，甚至是脑干的"战斗/逃避"等与生存有关的功能。为了让人们处于新皮层的高阶思维水平，任务与情境必须具有高挑战性，但不是高威胁性。

脑科学研究人员凯恩夫妇（Renate Caine & Geoffrey Caine）总结了12项大脑工作的原理。本书引述如下。

原理1：大脑是一个复杂的自适应系统。

原理2：大脑是社交型的。

原理3：大脑天生就会寻求意义。

原理4：大脑通过"建模"来寻求意义。

原理5：情绪对于建模至关重要。

原理6：每个大脑都能同时感知并创造局部和整体。

原理7：学习既包含对核心重点的关注，也包含对外围次要信息的感知。

原理8：学习总是包含着有意识与无意识的过程。

原理9：大脑至少有两种组织记忆的方式。

原理10：学习是处于不断发展中的。

原理11：复杂性学习会因为挑战而被强化，并因为威胁而受到抑制。

原理12：每个人的大脑都是独一无二的。（Caine & Caine，1997，p. 19）

由于人类的大脑是社交型的，所以人类特别适合一起工作。只要团队采取一定的工具和策略来巩固有益的社交连接，人的大脑就能在与他人建立联系的过程中更好地发挥作用。这一发现从根本上表明，人们的大脑倾向于彼此连接，除非在此方面有过消极的经历，而积极的经历则能恢复与他人连接的信心。由于大脑是社交型的，所以领导者要运用有效的策略来促进人们的互动以建立共识。"社交经验实现了人类的智能。"（Dickman & Stanford-Blair，2002，p. 58）

大脑总是试图为接收到的信息赋予意义，对意义进行精细加工是大脑最强的功能之一。大脑精细加工意义的一种方式是建立连接。有时是与以前学过的内容建立连接，有时是与正在学习的内容建立连接。这项功能表明，大脑建立的连接越多，大脑成长和发育得就越好。越是让大脑去识别模式，大脑就越活跃和充满活力。这就要求领导者有责任提供足够的信息，以便团队能够得出有用的结论。这种方法比领导者说出自己的结论并让大家接受更为有效。

情绪在大脑的运作中起着至关重要的作用。支持和鼓励性的环境能强化大脑的高阶思维能力。需要再次强调的是，富有挑战性的环境能够锻炼大脑，压抑或威胁性的环境则会让大脑产生躲避的念头。这一事实呼吁领导者要创造支持与鼓励参与和勇于挑战的环境。"情绪是低级或高级大脑结构的仲裁者。"（Dickman & Stanford-Blair，2002，p. 74）

新近对大脑的研究表明，大脑不仅能处理复杂任务，还能同时处理单个任务的不同步骤。换句话说，如果我们只是做一些很简单的事情，难免给人糊弄事的感觉。

脑科学研究的另一个相关领域是智能。霍华德·加德纳在广泛研究后提出了多元智能理论。他于 1983 年在《智能的结构》①一书中提出了七种不同的智能。到 20 世纪 90 年代，他又将其增加到八种。在他的理论出现之前，人们一般认为智能是始终如一的，一个人要么有很多智能，要么只有一些智能或者压根儿没有智能。加德纳提出，每个人都拥有一套独特组合的八种智能，其中有些智能会比另外一些更为显著。

加德纳还提出，智能是可以被改变的，人们可以在自己的弱项智能领域待得比较舒适。那些有机会运用和锻炼其强项智能的人，更乐于对其弱项智能加以改变。想象一下这将为领导力带来的影响。熟练的领导者会找到利用各种智能的方法，从而让越来越多的人参与进来。聪明的领导者会分析团队成员的优势，让分配给他们的任务与其优势相匹配，发掘成员优势智能的价值。

"鉴于大脑在人与人的所有互动中发挥着调解作用，长期以来，人们一直认为领导力与大脑有关。对智能的新认识则提供了强化大脑与领导力之间联系的机会——一个让领导者能够更好地理解和利用自我与他人智能的机会。"（Dickman & Stanford-Blair，2002，p. 9）

---

① 译者注：《智能的结构》，霍华德·加德纳著，沈致隆译，中国人民大学出版社 2008 年出版。

如果智能是"多元和可塑的"（Dickman & Stanford-Blair, 2002, p. 19），那么领导力的风格和共识的方法也将是多元和可塑的。领导者在了解周围的人时，就要更加敏锐并掌握很多与他们共同工作的策略。

领　导　力

如今，领导力要应对一种剧烈的范式转变。领导者不再处于垂直的、自上而下的环境中，各层级的个体正在走向高度参与。

参与并非一种孤立的存在。参与是定义这个时代人与人相互关系的众多要素之一。参与是 21 世纪新生活模式的一个关键组成部分，因此，我们也能在其他学科中找到其同义词或近义词，比如冲突调解、争端伙伴关系和引导型领导力等。（Troxel, 1993, p. 6）

领导者简单地指定新方向、新策略或新产品的日子已经一去不复返了。理想的领导者需要发挥组织中各层级人员的智慧，特别是要获得一线人员的洞见。聪明的领导者知道，依靠他们能够落实任何新指令，而且基于丰富的经验，他们知道什么是可行的、什么是不可行的。

如今的领导者扮演着多重角色。麦克尤恩（McEwan）指出了其中的 10 项角色。虽然这份清单是针对校长提出来的，但它可以用来说明任何一位领导者的角色。

1. 传播者
2. 教育者
3. 愿景家
4. 引导者
5. 变革专家
6. 文化建设者
7. 催化剂
8. 制片人
9. 品格塑造者
10. 贡献者（McEwan, 2003, p. XV）

引导者已经成为参与式文化中非常重要的角色。这是一个指引与激发而非宣告与要求的角色。这是一个慷慨分享信息并相信人们在了解了事实后能够做出合理决定并提出合理建议的角色。这是一个能够真正尊重与认可同事才干和能力的角色。这需要很强的人际交往能力和真正的智慧。所有这些要求都表明，扮演引导者的角色并不容易。

需要指出的一点是，有了引导者角色绝不意味着就要放弃强有力的领导。相反，它将强有力的领导转化为另一种形式，即当人们发现自己的见解和技能得到真正的尊重、认可和接受时，会变得更加认同和忠诚。引导型领导者能用完全不同的方式体验到比以往更强大的影响力。"引导型领导者通过培养人们反思和改善工作方式的能力，帮助团体和个体变得更加有效。"（Schwarz，2002，p.327）另外，即便某人不是正式的领导者，他（她）依然可以扮演引导型领导者的角色。（Schwarz，2002，p.317）换句话说，有时只需要在对的时间提出对的问题，领导者就能将参与会议的团队成员从漫无目的的讨论引导至能够带来决策或解决方案的讨论。

如上所述，参与的范式已经发生转变。这种转变的内涵就是，管理的哲学正从自上而下单向的管理转变为鼓励学习、双向对话、授权和忠诚的管理（Schwarz，2002，p.328）。不管是正式还是非正式的管理，领导者都在倾听一线人员的声音并收集他们的想法、顾虑和建议，这表明领导者正在共享更多的数据，以便同事能够为其提出切合实际的建议。由于一线人员被授权基于客户需要而做出有效的决定，所以就更有可能提高客户的满意度。当人们的创造力被挖掘出来时，他们的承诺和忠诚度也会得到加强。

支撑这种管理与领导方式的原则被称为"分布式领导"（Fullan，2003，p.24；Hargreaves & Fink，2004，p.10）。领导者授权的部分做法是让同事扮演"领导"，换句话说，领导者成为一名领导力培训师，向他人传授自己过去在实践中发展起来的技能。这种分享不仅不会削弱反而会增强领导者的作用，甚至让整个公司、组织或机构发生巨大的改变。起初，让领导者难以理解的可能是如今领导者角色为何变得如此复杂，以及人们对领导者角色的期待为何如此苛刻。在这种领导的动态机制中，我们获得的见解、智慧和支持越多，就越可能成功。

由于对领导者角色的要求越来越高，需求越来越旺盛，领导力的可持续发展已经成为一个值得关注的重要领域。"个体的可持续性发展与保持不断发展而不枯竭的能力有关。这样做的关键不是让你去跑全程马拉松，而是要获得周期性的能量激发。要做到这一点，领导者就要探寻和创设调动人们精力和最大程度参与的资源和情境，再辅以能够恢复精力的仪式或阶段性的调整。"（Fullan，2005，p. 35）

富兰（Fullan）接着指出了 8 个领导力可持续发展的领域：

1. 出于道德目的的公共服务；

2. 对改变各层面情境的承诺；

3. 通过关系网络建立的横向能力；

4. 聪明的问责和垂直关系（包括能力建设和问责制）；

5. 深度学习；

6. 对短期和长期结果的双重承诺；

7. 周期性能量激发；

8. 领导力长杠杆。（Fullan，2005，p. 14）

请注意，可持续发展领域的第一个要素是道德目的。正是领导者对其领导力道德目的的坚信，促使他们不断恢复精力并回到日复一日应对挑战与纠结的工作中。（Fullan，2003，p. 19）对其道德目的的坚信，需要领导者不断地反思并记起那些曾经促使他们进入相应工作领域的深层原因。

与可持续性发展领域有关的另一个要素是富兰所说的"周期性能量激发"，这需要领导者能退后一步、休个短假、做些不同的事情等。这需要他们保持谦逊，相信即使自己不在现场，工作也会照常继续下去。相信工作还会在那里等着自己回来。而那些没能找到方法自我恢复的领导者则会失去那种有助于恢复他人能量的精神。新的能量能使领导者不断地朝向新的方向发展，进而发现什么可以用来改善组织、公司或机构。

许多组织在遇到困难和处于挣扎状态时，会引入能力强、知名和有魅力的领导者来力挽狂澜。这样做的确能使组织恢复一些能量与希望。然而，这种能量往往只集中在有魅力的领导者一人身上。如果这类领导者未能与普通员工建立起共享的愿景，那么当领导者调离或转行时，这股动力和能量也将随之而崩溃。这就是为什么魅力型领导者最终不能让领导力可

持续发展的原因。（Fullan，2005，p. 30；Hargreaves & Fink，2004，p. 10）

此外，魅力型领导者还会因其不能真正理解组织复杂的运作模式，进而无法真正转变组织的架构并带来有效改善。

对于经理人这一关键角色，我们同样有新的发现。这个角色不同于组织中领导者的角色。经理人离一线员工最近。"我们发现，经理人（而非薪水、福利、补贴或魅力型领导者）才是建设强大工作场所的关键。"（Buckingham & Coffman，1999，p. 32）经理人具备释放员工创造力和承诺的潜能。这种潜能取决于经理人能否有效地了解员工并把分配给员工的任务与其优势和能力相匹配。另外，如果经理人很难与他人合作，又很少去欣赏他人的工作，那么员工留下来继续工作的愿望就会消失。这种潜能还包括经理人对员工的信任。"（优秀的经理人）认为，如果你期望从他人身上得到最好的结果，那么通常你就能得到最好的结果。"（Buckingham & Coffman，1999，p. 117）如果经理人决定要依靠员工的智慧，那这种信任就是非常重要的。如果经理人并非真的信任员工，那么员工也不会向管理者说出自己的真知灼见，即"如果你不信任别人，别人也不会信任你"。（Rosberg，MeGee & Burgett，2003，p. 104）

上述讨论说明今天的领导者需要掌握与同事合作的技能。有些是达成共识的技能，有些是倾听的技能，有些是团队执行的技能，还有一些是激发参与的技能。而掌握这些技能将使领导者变得比其想象的更富有成效。

共　　识

过去，管理者一个人做出决定并将其沿着执行链层层下达，他（她）相信这个决定将在所有应该被执行的地方得到执行。如今，人们不愿意执行任何不包含自己声音的决定。此外，随着对自身能力和信心的增强，人们开始相信自己拥有与"上司"同样的智慧和有效的视角。无须多言，这导致了接受过自上而下的决策方式训练的领导者，与认为自己的实践智慧被忽略了的团队成员之间的明显矛盾。走出僵局的道路是基于真正共识的团队合作。

那么，什么是共识？韦恩（Wynn）和古蒂德斯（Guditus）引用字典中的解释直接向我们说明了共识的定义。他们提到：共识（consensus）来自拉丁词 consen-tire，意思是"共同思考"。韦恩和古蒂德斯又提到，《美国大学词典》（*American College Dictionary*）将共识定义为"普遍认同"。基于此，我们认为：共识就是"通过共同对话与思考来获得某种形式的普遍认同"。①

对一个团队来说，明确共识意味着什么是至关重要的。共识是否意味着在实施之前每个人都必须同意这个决定？只要大家都支持，就算达成共识了吗？需要每个人都同意吗？要有一个具体的同意比例吗？（Schwarz，2002，p. 112）团队同样需要决定，什么决策需要采用共识的方式来做出，什么决策需要采用其他方式来做出——比如投票决策。施瓦茨（Schwarz）为我们描述了一个让所有人都能参与进来的共识决策的过程：

共识决策通过让每个成员将所做决策视为自己的决定来实现（共享的理解）。它均衡了权力在团体中的分配，因为要解决每个成员的关切点，需要每个人的认同才能做出决策。采用共识决策可能比采用其他决策方式花的时间要多，但是由于人们从内心认同所做的决定，所以通常只需较少的时间就能被有效地实施。（Schwarz，2002，p. 133）

上述观点显然强调了真正共识决策的优点。通过心无旁骛地倾听各方观点，团队就能提出尽可能尊重所有人智慧的决定。不用说，这个过程肯定耗费时间，但人们的认同和承诺最终将加速实施的进程。

斯坦菲尔德（Stanfield）对共识的看法与上述观点略有不同：人们对共识的本质存在相当大的误解。很多人觉得共识意味着每个人都要同意。共识表达了团队的共同意愿。共识是一个能够让团队向前迈进的共同理解。当所有参与者都愿意向前迈进，即便大家没同意所有的细节，也算达成了共识。（Stanfield，2002，p. 5）

推动团队中的每个人都参与进来并支持某项决定，与发展到只有一两个人顽固地拒绝，从而阻碍团队的基本意志之间，存在着很大的张力。

① 译者注：据此，共识有两个含义：一是名词，"普遍认同"的结论；二是动词，达成"普遍认同"结论的"共同思考"的过程。用作动词时，共识也是做决策的方式之一，其他决策方式还有领导者决策、投票决策、一致同意、妥协、授权小组决策等。

在这种情形下，也许最好的情况就是，让那一两个不会或不想接受决定的人保证不破坏这个决定。稍后，他们可能会看到这项决定的好处。通常，如果阻挠者有机会清楚地说出自己的观点，并且让团队理解他们为何这样认为时，阻挠者其实就会感到满意。有时诸如"我们是否有足够的认同来继续前进？"的提问也能让人们暂时放下自己的关切从而继续前行。

正如另外一位权威人士所说的那样，某位团队成员可能不同意某项特定内容，但他（她）会同意支持整个决策，因为：

- 团队已做出真诚的努力来消除所有人提出的顾虑。
- 决策符合团队当前的目的、价值和利益。
- 决定虽然不是他的第一选择，但是可以接受的。（Dressler，2004，p.4）①

在试图达成共识前，确定是否已在团队中建立起信息共享的框架是至关重要的。所有的事实都被分享和讨论过吗？讨论过各种方法和决策的优缺点吗？讨论过这些方法背后的洞见吗？这些都是团队在试图达成共识前需要考虑的重要步骤。（Kaner，1996，p.149）

共识既是人们共同协商的决策过程，又是这一过程的产物。那些参与到问题对话并真诚分享自己观点的人们，为了达成有效的团体决策，往往愿意做出让步。那个最终的产出就是共识。共同思考的过程能确保每个人的观点都被听到，朝着决策迈进也是一种共识。

如果我们认为人类只受自身利益的驱动，那就很难想象人们能够达成共识。共识基于这样的假设，即人们为了能在团体协议中满足自己的某些立场，会自愿放弃自己的另外一些立场。罗伯特·弗兰克（Robert Frank）认为，人们不仅仅关心自身的利益。实际上，如果说我们只受自身利益的驱使，那将是对人类的贬低。

除了人类所拥有的自我利益驱动力之外，我们还有另外一种与他人连接的驱动力。这种能力是相信共识能够建立的基础。如果人类无法超越自身的利益去思考和行动，那么共识就不会发生。连接的愿望是强烈

---

① 译者注：《共识决策：用对话建立共识，获取支持度和执行力》，拉里·德雷斯勒著，张树金译，华夏出版社 2021 年出版。

的。正是这种与他人连接的体验和感受，极大地鼓舞着人们——哪怕是愤世嫉俗者——想要不断地尝试与一群愿意分享问题和忧虑的人们共同工作。

关于建立团队共识的场地设施与后勤保障

当我被邀请与团队一起工作时，我通常会考虑以下几个具体的问题，这些问题或许对你也有帮助：会场里是否有桌椅？桌椅是否是剧院式的布置？房间里有能用于工作的墙面吗？团队人数是介于 10 到 50 人之间吗？（要创建真正的共识，超过 50 人将会很不明智）可以尽可能地让材料被可视化地呈现吗？随着你继续阅读本书，更多细节将被展现出来，它们会助力你的团队共识之旅。

第一部分 有意义的愿景

> 可持续发展的推动者会培育和再造出能在更大范围内带来持续改进的环境。
>
> ——Hargreaves, Fink（2004，p. 12）

人们渴望通过自己的行动和努力产生积极的影响。如果人们努力去做了，就有很大可能性去改变某些事情；相反，如果人们觉得自己做过或想过的事情都没用，便容易陷入痛苦和不满。

所谓共识，指的是唤醒人们能够用行动带来积极结果与产生某些真正改变的希望。这个时代的绝望源于我们多年来一直试图依靠个人的力量来做得有所不同。如今，要解决的问题越来越复杂，没有任何人能够单枪匹马做出太大的改变。正如彼得斯（Peters）所说的那样，"在动荡与不确定的时代里，人们必须能够在一线立即采取行动。为了在一线支持这种行动，每个人就必须清楚地了解组织试图实现的目标"（Peters，1987，p. 398）。换句话说，混乱不清的愿景会阻碍和扼杀行动。斯宾瑟指出，清晰且具体的愿景能够激发和聚焦一致的行动，它"能提供组织前进与自我校正的方向，愿景越清晰，策略就越聚焦"（Spencer，1989，p. 9）。更为重要的一点是，当领导者努力让人们相互分享、创造和进一步发展他们的愿景时，领导者就能带来持续的影响力。（Hargreaves & Fink，2004，p. 10）

有重点的和基于共识的行动能够改变我们许多根深蒂固的问题与矛盾。人们会逐渐相信，团队的一致行动中可能会存有希望。清晰地陈述愿景与通力合作能为深度共识创造新的背景。"共识是一个共同寻求解决方案的协作过程，而非一场说服他人采取特定立场的竞争。这就需要团队成员认同共同的目的。"（Dressler，2004，p. 3）强烈的目标意识能够很好地激发人们建立共识的意愿。（Fullan，2003，p. 19）

有些环境能够促进愿景的实现，有些环境则会让人们感到疲惫。贾菲（Jaffe）、斯科特（Scott）和欧里奥利（Orioli）研究过什么样的环境有利于表现出色和实现愿景。他们认为，能够触及人们希望与梦想的环境会为强有力的共识奠定基础。（in Adams，1986）尊重个体的环境允许创新、变革、冒险和无心之过。在这样的环境中，聪明的头脑与勤劳的双手同等重要。

有利于愿景实现的环境能连接团队中的每个人，让人们的头脑相互"对话"。一个人提出的可能性愿景会与另一个人提出的可能性愿景连接在一起。

富有愿景的环境重视人及其在学习与创新方面的潜力。封闭的环境则会告诉人们：已经有答案了！它会消除人们变革与创造的意愿并阻止真正的团队合作。在封闭的环境中，唯一需要做的就是，个体服从并忠于既定的方向与路径。

经过深思熟虑产生的愿景能够引发只有在建立了共识前提下才会采取的行动。如果说愿景有什么好处的话，那就是为行动铺平了道路。共识是从愿景迈向行动的必经之路。换句话说，如果人们尚未同意做什么，那么行动就不会发生。一方面，如果只停留在阐明愿景上，人们很快就会发现不会有任何事情发生。另一方面，如果你已经创建了愿景，然后明确规定每个人要怎么做，那么这个愿景很快也会被扼杀掉。

共同创建有意义的愿景的过程往往能揭示出所有团队成员的渴望。有着截然不同视角和角色的人们会突然发现自己与他人有着惊人的相似之处。看似不可能的连接建立起来了，建立共识的基础便已开始形成。

如果不花时间为人们建立连接，期待真正的共识是不现实的。在如今瞬息万变的环境下，很难让人们相信共识会一蹴而就。人们从激烈竞争的环境转向连接、合作与共识的环境是需要时间的。

目前脑科学的研究强调了情绪在大脑中发挥的关键作用。

"如果人类是借助情感来实现参与、做出判断、激励行动的话，那创建有意义的愿景对于挖掘个体和组织中的情感认同和激情是非常重要的。"（Dickman & Stanford-Blair，2002，p. 77）

当个体目的与团队目的融合在一起时，就会有能量被释放到深度的认同中。有意义的愿景会为共识和后续的行动提供能量。

一旦组织的领导者在愿景和实现愿景的行动上建立起真正的共识，他们就可以相信，愿景已为所有人共享。在此之后，如果每个人都真正根据愿景制订了策略和行动计划，那么领导者就会对愿景一天天地被实现充满信心。这样，真正的共识就会促使人们快速采取行动和立即做出反应。

建立共识的过程是充满能量的。如果你把它放到完成一个项目的过程中，团队成员就会更加渴望工作和获得更多的成功。当人们体会到一起工作时那种满满的正能量时，建立深度共识的可能性就会增加。

第 **1** 章

可视化共同方向：初级策略

本章导语

　　方向是终极目的，是人们向往之地的共同画面。人们为此目标付出精力。共同的方向汇集起人们的注意力和干劲。

　　针对目的或方向达成一致极为关键，它能为建立共识奠定基础。如果大家对去往哪里的看法都不一致，那又如何带领人们对去往目的地的步骤达成一致呢？进一步说，方向越清晰，就越有可能达成共识，人们也就越有动力去达成共识。模糊的方向只会让通往共识的道路模糊不清。一旦人们能够清晰地陈述共同方向并对此达成一致，同时将其用可视化的方式呈现在团队面前，人们就能以此提醒自己不忘初心，进而提升团队成员之间的信任程度。

1. 期待与渴望对话

以终为始，便能获得不同的视角。

——Covey，1990

方法说明

"期待与渴望对话"是一种引导式的讨论。在这一讨论过程中，参与者非正式地描述他们对组织未来的期待与渴望。如果团队规模很小，那么每个人都有机会说一说自己的具体期望。结束的时候，让大家提炼、归纳出一些贯穿其中的共性主题。

在面对每一天的苦差事、让人纠结的琐事和令人难以承受的重大问题时，人们对未来的期待会变得模糊不清，并且这种期待还很容易被紧急情况排挤掉。当人们终于有机会清楚地说出自己的期待与渴望时，又很容易得到其他人的认同。在这些期待与渴望中，有些还充满了深刻的见解并让人备受鼓舞。它们能够提高团队的感知与思考水平。一次 10 分钟的对话就足以增强参与者之间的连接并为后续的共识奠定基础。

你知道吗？

- 每个人都有期待。
- 从期待与渴望谈起，能够给人们带来能量；从问题与抱怨开始，则会让人们的能量衰竭。
- 当情况进展得很艰难时，人们很容易忘掉内心的渴望。

具体活动

你至少需要 10—15 分钟来引导这一讨论。当大家坐好后，告诉大家你要花几分钟时间，帮助团队回顾一下过去并展望一下未来。向大家提出以下问题，针对每个问题尽可能收集 4—5 个回应。

1. 过去这1年（或过去这10年），在我们团队/组织中有哪些标志性事件发生？

2. 你自己取得过什么成就？

3. 你对我们团队/组织未来5年的期待与渴望是什么？你期待看到我们的团队/组织变成什么样子？你渴望我们的团队/组织在未来5年内能够实现什么？

4. 你从这些答案中听到了什么？大家都谈到的一些共同期待与渴望有哪些？

5. 这些要被实现的渴望，对我们来说意味着什么？为此，我们要如何思考？如何运作？如何开展工作？如何对待我们的团队/组织？

应用提示

●首先，从聚焦过去开始提问。人们常说，只有能够回顾过去才有可能预见未来。在倾听大家的回答时，尽量帮助团队澄清每一个答案。比如，"困难的经济时期"与"我们镇上关闭了一家汽车工厂"这两个答案有很大的区别。

●第4个问题很关键，因为你是在帮助团队看到答案中的共性。你在让团队将多个答案与某一类共性主题相关联。人们不仅能看到这些想法是怎样关联的，还能看到他们彼此是如何联系在一起的。这样就能为后续更多的具体连接打下基础。

●问题5以温和的方式让团队透露一些实现期待与渴望的办法。带领这个对话时，你无须做任何记录，对话会为专注的引导者透露出很多信息。大家所说的某些内容能够帮助你决定在接下来的会上要设定怎样的情境。在这场对话中，人们的承诺和团体的意愿也会被揭示出来。

实践案例

一家大型百货商场的销售经理们在讨论如何提高客户的满意度，当问到他们的期待与渴望时，大家给出了如下的回复：

●更好的电话礼仪

●有关百货商品的知识

- 描述得更清楚的标签
- 通道指示牌要尽量清晰可见
- 每周都能与领导开碰头会
- 做过广告的商品随时有货

在得到了 15—20 个答案后，引导者又问："你们从这些答案中听到了哪些共性主题？"销售经理们提炼出以下内容：

- 在岗培训
- 公司对雇员的认可
- 指引客户的辅助物
- 改善后的服务体系
- 反应敏捷的销售人员

在很短的时间内，团队就获得了梦想成真的感觉。

2. 快照

很显然，愿景必须要取代规则手册和政策指南。

——Peters，1987

方法说明

当团队创建过愿景之后，你可以让两人或三人的小组在白板纸上就愿景、期待或渴望的某些方面创作一幅快照来帮助团队快速总结刚才做过的事情，而无须再带领一场讨论或工作坊。创作好快照并展示给全体成员后，请大家退后一步来思考从图中看出来的共同主题，并与其创设的愿景建立联系。

或许有人会对创建愿景感到厌烦。这种情形说明，人们认为自己对愿景做了很好的思考，仅此而已。因为团队并没有超越愿景，自然就不会感到满意。然而，画一幅图或创作一幅快照，却能让大家做过的事情看起来有所不同。

你知道吗？

• 肯尼斯·布丁（Kenneth Boulding）提醒过我们：对于变革来说，图像可能比思想更重要。（Boulding，1975）

• 图画比文字更有助于人们具体地思考问题。

• 图形是中国古代汉字书写系统的基础。

具体活动

1. 给每个小组发一些马克笔、白板纸和胶带。

2. 让每个小组在白板纸上画一幅能够体现并能戏剧化表达某个愿景要素的快照或图画。

3. 给大家一些准备时间，比如 10 分钟。

4. 让每组选一位汇报员。

5. 各组汇报员向全体汇报本组的快照并把它贴到墙上。

6. 在所有小组汇报后，问大家贯穿这些快照的共性主题有哪些。

7. 在墙上至少贴出 10 张带边框的 A5 卡片，在卡片上记录大家的回应（一张卡片记一条）。

应用提示

• 为每个小组多准备一些水彩笔会提高团队的积极性。

• 如果人们画重了某些图画也没关系，所有的快照与整体愿景有些出入也不要紧。你要做的是尊重愿景的多元维度而不是追求对愿景的详尽描述。

• 我的经验是，这个活动为人们提供了一种快速讨论期待与愿景的方式，以至于人们都没有机会表现出他们的愤世嫉俗。

• 这个活动的另一个特点就是它的设计本身就确保了具象化。如果要创作一幅图画，你一定会先在头脑中呈现出具体的内容。图画的具象化能为参与者真正达成共识提供保证。

实践案例

引导者经常被邀请与那些已经花费数月去创建愿景的团队一起工作。创建愿景花的时间越多，过程就越令人沮丧。引导者此时被请来带领团队工作就会显得太晚了。

引导者帮助一家社会机构用 15 分钟得到了一些反映愿景的图画，大家发现这些图画揭示了以下信息：

• 新的设备

• 满意的客户

• 团队成员围坐在一起工作

• 一份时事通讯

• 更加多样化的客户

• 有吸引力的营销与公关材料

• 员工得到新的培训

- 员工与董事会共同做规划

然后，就很容易发现如下的共性主题：

- 有效的公共关系
- 便捷的客户服务
- 持续的财务发展
- 多向的沟通
- 积极主动的董事会发展

3. 有收敛的头脑风暴

展望愿景的能力是创造出色表现的关键要素。

——Jaffe，Scott，Orioli（in Adams，1986）

方法说明

对于参与者来说，开会时能够看到和听到大家深思熟虑过的想法或头脑风暴后的内容是非常有意义的，因此，很多引导者都用白板纸记录团队头脑风暴后的结果。然而，很多人并不清楚得到这些想法之后还要做什么，这些想法就只能被束之高阁了。

有收敛的头脑风暴建议大家：一旦团队头脑风暴出一份清单，就让大家退后一步，仔细识别清单中的共同点。

你知道吗？

• 很多引导者擅长做头脑风暴，但并非每个人都知道如何处理头脑风暴出来的结果。

• 有时人们需要的不是更多的数据，而是分析与处理已有数据的方法。

• 30 多个想法对于团队来说有些多，但从中提炼出 7—8 个重要主题相对而言是比较容易被处理或回应的。

具体活动

1. 提前为团队准备好要头脑风暴的议题，例如：

(1) 我们营销这款产品的不同方式有哪些？

(2) 减少预算的地方还可能有哪些？

(3) 我们可以用来提高员工参与度和忠诚度的措施有哪些？

(4) 我们可以用来提高客户服务质量的简单易行的方法有哪些？

2. 当每个人都写下自己的答案时，让两人、三人或四人组成小组讨论他们的想法。

3. 提问："你们小组讨论出来的一些答案是什么？"

4. 在白板纸上记下所有提到的想法，列出一份包含 15—20 个想法的清单。

5. 在白板纸两旁纵向摆放 8—10 张带边框的 A5 卡片。

6. 读出这份清单并询问团队成员其中涉及的关键主题或共同点是什么。

7. 在白板纸旁边的卡片上写下这些共同点，每张卡片写一条。

8. 最后，提一两个问题来帮助团队反思这些信息，例如：

（1）这些信息给你带来了什么启示？

（2）这些信息对大家来说意味着什么？

（3）你认为下一步该做什么？

应用提示

• 如果把问题直接提给整个团队，那么你可能只会邀请到那些快速思考者或者某些怀有个人意图的人参与讨论。

• 如果人们在讨论过程中卡住了，就读一下已有的回答来激发更多的回应。

• 如果有时间，使用卡片头脑风暴（第 2 章活动 7）做一次完整的共识工作坊会更好。如果你只有 20 分钟，这是一个获得很多想法并对其做某种程度聚焦的理想方法。

• 注意问题 6 中所谈到的"共同点"不是从清单中选一条，而是多个答案的组合或几个答案背后的想法。

实践案例

在一次会上，引导者问道："你们看到学校发生了哪些迈向'新愿景、新行动'（大会的主题）的事情？"之后，引导者获得了如下的头脑风暴清单：

• 更多的团队

- 人们在提出问题
- 清晰的指南
- 重新搭建团队的结构
- 职工与社区人员一起开会
- 以学生为中心的教室
- 学生以小组合作的方式学习

当询问整个清单背后的共性主题时，大家给出了更多有深度的回应：

- 行动小组
- 学生、家长、社区人员的参与
- 采用共识的方式决策
- 冲突化解与问题解决
- 被赋能的人们

4. 三年后的电视台名人专访

最有力、最强劲和最凝聚人心的愿景有以下特点：第一，它们是具体和明确的；第二，它们是大胆、富有挑战和令人振奋的；第三，它们是可以达成的。

——Spencer，1989

方法说明

通过引导式的讨论，引导者可以带领参与者对未来做出清晰的设想和可视化的呈现。模拟一个摄像师和电视名人进行专访的场景，用戏剧化的方式让参与者具体、详细地描述自己的想象，诸如"人们承担更多责任"这样泛泛的描述将被"每周团队例会"或"发布团队报告"等具体描述所替代。

带领团队成员展望几年后想实际看到的景象，可以让大家把想法变得更加务实和具体。这个活动将帮助人们改变对目标的理性表述，让目标变得更具体、形象和真实，就如同在现实中真的发生那样。

你知道吗？

• 想象比渐进式的逻辑思考更能发掘大脑的潜能。

• 眼见为实。

• 让人们离开现在去到三年后，能把人们的想象力从日常纷杂的问题和担忧中解放出来。

具体活动

1. 让团队选择一位全国或当地的电视台名人。告诉大家，三年后这位名人将为团队做一次特别的新闻报道，报道的重点内容就是此时会上讨论的议题在三年后得以解决时可能取得的成就。

2. 务必告诉大家要想象此刻会有一位摄像师在现场，以此来提醒人们，在描述成就时要尽量可见。

3. 建议大家放下手头的物品。为激发想象，可以让大家看看窗外、天花板或者闭上眼睛。想象能够帮助人们发掘大脑潜能和释放真正的创意。

4. 让每位团队成员想象自己正在接待电视台名人和摄像师，这样就使得成员必须慎重选择自己期望收录至视频的具体内容。

5. 你可以对团队成员就拍摄地点或场所给出一些建议。"首先，请带我们的采访者到会议室。你在那里看到了有什么事情正在发生？""当采访者经过办公区时，摄像机里拍到墙上有什么？这将意味着有什么新的事情正在发生？"

6. 经过几分钟的想象后，请大家把思绪拉回到当下，写下刚才在头脑中看到的画面。

7. 写完之后，请团队成员用几分钟时间在两人、三人或四人组成的小组内分享各自的答案。

8. 邀请志愿者分享他们小组谈论过的一些内容。

9. 结束时问大家："这些答案反映出哪些共性主题？"

应用提示

● 在活动开始的时候，我会鼓励大家闭上眼睛。我有时会开玩笑说，这是我与大家一起工作时唯一让大家闭上眼睛的机会。结束想象时，我通常用拍手提醒大家回到当下。

● 当你听到一些古怪的想法时不要担心。记住，你的最终目的是发现团队成员想法的共同点。

● 人们通常会因彼此的愿景如此相似而感到震惊。当你帮助大家与未来的需要建立起连接时，便将他们的头脑与内心连接在了一起。

● 用卡片头脑风暴（第 2 章活动 7）或有收敛的头脑风暴（第 1 章活动 3）可以马上把这个活动变成一场完整的工作坊。

实践案例

我认识一位引导者，他在引导规划会议时，经常把这个活动用作愿景工作坊的前奏。然后，他会让每个人写下看到的画面，这就为接下来的分享提供了素材。

一个致力于家庭健康服务的团队得到了如下答案：

- 一个充满活力的策略规划
- 充足的现金流
- 低员工流失率
- 稳定的制度与流程
- 患者满意
- 社区的认同
- 高水平的管理技能
- 自信的管理团队
- 志同道合的人——我们是一个团队

将这些放到一起后，他们找出了如下共性主题：

- 高质量的患者关照
- 反应敏捷的计划
- 强有力的、稳定的员工队伍
- 持续性的成长
- 良好的财务状况

5. 共同方向摘要

如今，在很多成功的企业中，有些富有远见的领导者已经找到了体现组织精神与能量的强有力工具：愿景宣言。

——Richhard，Engel（in Adams，1986）

方法说明

当采用对话或工作坊等形式明确了团队共同方向的各个要素后，仍然需要使用某种方式将这些要素之间建立起紧密的联系，本方法就能帮你实现这个目的。

本方法要求参与者写下他们个人对共同方向的理解。通常是在对话或工作坊之后，让两人或三人小组写下他们对于共同方向的理解。在听完所有小组的陈述后，让团队一起建构一个关于共同方向的统一陈述。

这个方法提供了另一种让人们展示创意和天赋的机会。事实上，当创意和天赋真的被展示出来时，人们会非常欣赏彼此的想法。当彼此间的欣赏自然出现时，就会产生更多连接与关联，这将为团队后续建立深度共识奠定基础。

你知道吗？

- 把想法写下来可以让没参会的人看到工作坊的产出。
- 写作通常能把人们对共同方向的局部理解连接成一个整体。
- 写作的过程能帮助团队把共同方向变成自己的方向。

具体活动

1. 回顾前述工作坊中讨论过的共同方向的关键要素（例如，"前面说过以下六个方面是我们愿景的组成部分……"）。

2. 把团队重新分组，每组 3—4 人。

3. 给大家 15 分钟，让每组写一段话来总结并关联共同方向的所有要素。另外，让小组对共同方向做一个视觉化的呈现。每组选出一位汇报员分享他们的文字和可视化成果。

4. 当小组写完并做好可视化成果的准备后，让各组汇报和展示。对各组的展示给予掌声或感谢（我通常会让小组在白板纸上写写画画，这样大家就能看到所有小组的成果了）。

5. 因为写过的文字都能被看到，所以团队很容易就能澄清共同方向的要素。你可以用这种方式归纳整理一份表明集体共同方向的陈述。

6. 结束时询问参与者："在这个活动中，你们对共同方向的理解是如何被扩展或改变的？"

应用提示

- 把所有可能用到的材料放在手边备用是这个活动成功的关键。
- 使用白板纸和多种颜色的水彩笔能激发团队的活力。
- 可以建议小组在书写时用这样的格式：简介、每个要素一句话、结束语。

实践案例

在芝加哥的一所公立学校，由当地学校委员会选出的管理团队邀请了一位引导者来帮助他们就解决学校人满为患的策略达成共识。在团队厘清了所有达成共识的主要步骤并把它们记录在一条时间线上后，他们决定要更清楚地说明底线目标。当团队把目标写出来时，他们发现每个目标可以用一个词来概括。这样在未来的几周里，他们只要说出这三个词（价值观——Value、过程——Process 和设施——Facility）就可以回忆起整个目标了。事实上，他们用每个词的首字母 V、P 和 F 创造了一个响亮的口号：超"极"未来（Very Positive Future）。

以下是团队得出的三个目标。注意，每个目标中都包含其中一个词。

> **目　标**
>
> 1. 确保我们的价值观体现在解决方案中。
> 2. 促进多元化社区参与过程的发展。
> 3. 制订计划，以优化现有及潜在设施的使用：
>   - 系统和组织的改变
>   - 重新配置与重组设施和空间
>   - 扩展现有设施或获得更多空间

6. 过去、现在和未来

神话是一种帮助人们体验过去、现在和未来的途径。

——Owen，1987

方法说明

这个活动分为三步。首先，团队成员一起对组织或团队过去、现在和未来的模样进行头脑风暴。其次，在得到足够多的想法后，把团队成员分成三个小组。让第一个小组给"过去"画一幅图，让第二个小组给"现在"画一幅图，让第三个小组给"未来"画一幅图。最后，让每个小组向全员展示他们的作品。在此之后，提出回顾性的问题帮助团队反思整个活动。

日常琐事经常会让人们无暇进行长远的考虑，让团队忘记出发点以及为什么要聚在一起共事。这个活动不仅能激发人们的创意和想象力，还能提醒人们什么是大局，并给当前工作赋予更深远的意义。

你知道吗？

• 把当下放在一段更长的历史时间线中，就是在提醒人们，我们已经成功地渡过了很多难关和危机。

• 完整的画面有助于团队建立信心和为当前问题寻找新的解决方案。

具体活动

1. 作为背景介绍，向大家说明保持长远目标和胸有全局的重要性。

2. 把三张白板纸贴到前面的墙或白板上，分别标上"过去""现在"和"未来"。

3. 让团队成员做个人头脑风暴，思考能匹配这些时段的词语、观点和画面。让大家记下他们的想法或想到的画面。

4. 三分钟后，让小组描述他们的想法或想到的画面，在对应的白板纸上记下他们的答案。

5. 当记满白板纸后，把团队分成三个小组。让一个小组负责"过去"，一个小组负责"现在"，一个小组负责"未来"。

6. 给各组几分钟时间为指定时段画一幅图。

7. 请每个小组向大家分享他们画出的图，小组展示后给予感谢。

8. 最后，问一两个回顾性的问题，比如：

（1）在参与这个活动的过程中，你们小组发生了什么？

（2）这个活动给你带来什么启发？

（3）在听取每个小组汇报时，你想到了什么？

应用提示

● 活动中人们的情绪会很热烈，每一步都会进行得很快。

● 这个活动也可以用作另一个活动——针对过去、现在和未来头脑风暴出来的点子编写完整故事的第一步。每个小组只需为所负责的时段写一段话即可。故事分享会令人充满力量和深受鼓舞。

实践案例

一家航空公司的某个事业部在为过去、现在和未来头脑风暴出了点子与形象后，写了一则简短的故事，每一部分一段话。以下是该事业部过去、现在和未来的故事摘要。

更高的地平线

还记得我们小时候吗？还记得父母是如何保护我们的吗？我们的事业和公司与此一样。政府保护着我们并确保我们做的都是相同的事情。我们被以父母—孩子的方式管理着。每件事情都为我们想到和做到了。每次经历都是新的，让你和客户感到兴奋。飞行就是一次活动，每次活动都变得越来越大、越来越远……，道格拉斯4、道格拉斯8、波音747。

作为孩子，我们生活在被保护的区域。当我们进入20世纪80年代、进入青春期时，我们长大了，也变得更加聪明。我们去做各种尝试，开始离开保护区。后来，别人家的孩子闯入我们的保护区。我们有时会打架，弄得鼻青脸肿，但真正的挑战是对我们智力的挑战。原有的价值观并不清晰，技术的进步也不在于飞机的大小和速度，而在于让客户受益的系统。赚钱成为最重要的价值观，生活与每天的决策变得更加复杂，我们发现自己正处在成熟的边缘。

在过去 50 年里，我们有机会环视懵懂的孩提时代和智力快速发展的青春期。这些经历让我们为不确定但令人兴奋的时代做好了准备。我们自信地认为，通过带领和鼓励人们参与，我们将一起到达新的高度。

第 2 章

创建清晰可见的文档：中级策略

本章导语

　　文档能让每一次团队会议的结果清晰可见。文档就是将人们的好点子在会上及时记录下来的海报，以便所有人都能看到，也能在会后作永久的保留。人们比较容易忘记事情的细节，但会记住那些自己喜欢或与自己想法接近的东西。文档能让人们回忆起会议的整个画面。

　　清晰的画面能够推动我们前进。清晰的愿景有助于我们度过每一天并应对那些让人焦虑的细节。当你对愿景有了共识，你就可以在这些共识的基础上实现你的目标。时而回顾一下文档所记录的愿景，有助于提醒大家：我们不仅已经有很多共识，而且对某些特别有争议的问题也是可以达成共识的。

7. 卡片头脑风暴

任何团队或部门，一旦看到自己的新项目或新任务有多么重要时，都会感到非常兴奋，从而释放出更多的潜能与力量。

——Jaffe，Scott，Orioli（in Adams，1986）

方法说明

很多人习惯使用白板纸记录头脑风暴出来的想法。对于参与者来说，在任何会议中看到和听到他们深思熟虑或头脑风暴后的内容都是非常重要的。当你要深入研究很多想法和考虑不同类别想法之间的关系时，可以使用卡片头脑风暴这个方法。

在很多会议中，只是一些"积极分子"在参与讨论。如果把信息呈现在人们面前的卡片上，就会开启人们与信息的真诚对话。使用卡片后，人们就会把焦点放在信息上而不是某个人身上。把信息记录在 A5 卡片上，将有利于稍后整理这些信息并找出它们之间的关联。

你知道吗？

- 使用语言和空间智能（以及其他智能）是变得更有创造力的重要一步。
- 霍华德·加德纳于 1983 年发现了七类主要智能：语言—文字智能、逻辑—数学智能、身体—动觉智能、音乐—节奏智能、视觉—空间智能、自我认知智能和人际交往智能。1999 年，他又增加了第八项智能：自然观察智能。
- 让思维可见有助于团队欣赏自身的价值。
- 在这个活动中发生的讨论对于建立团队共识是至关重要的。

1. 提前准备好团队要头脑风暴的议题。

2. 使用时向团队提出一个具体的议题，并解释一下为什么要讨论这个议题。

3. 提出议题后给大家一些时间做个人思考，这能让那些快速思考者和谨慎思考者都有充足的时间组织自己的想法。

4. 建议大家以两人、三人或四人为一个小组（根据整个团队的人数确定），一起讨论他们的想法。这就给了人们在小组里"广播想法"的机会，这些早期反馈有助于减少在大组里"广播想法"所需要的时间。

5. 让每个小组在 A5 卡片上用 3—4 个词写下他们的想法，每张卡片写一个答案，并告诉小组需要提交的卡片数量。

6. 让每个小组递上 1—2 张卡片。例如，你可以说："请先给我你们写得最清晰的卡片。"将这些卡片随机地贴在墙上。

7. 为展现团队思考的宽度，让团队再递上一些与墙上卡片明显不同的卡片。

8. 询问大家是否看到不同卡片间的联系，仅把团队认为有关联的卡片归在一起。

9. 当出现多个类别时，让团队为每个类别起一个临时的名称。例如，当团队把"更多有组织的会议""更短的会议""更清晰的备忘录"归在一起的时候，有可能为这一类别确定的临时名称是"沟通"。

10. 用数字、字母或符号来标识每个类别。

11. 向团队收取剩余的卡片，建议他们在卡片上标上与前面已有类别相同的数字、字母或符号，以说明这张卡片是属于墙上的哪一类。

12. 随着更多卡片被放到前面，可以在不同类别间挪动卡片以使每一类别的卡片更为聚焦。

13. 一旦所有卡片都被分门别类，再回来澄清和打磨一下每个类别的名称。

应用提示

• 可以用胶带圈把卡片贴到墙上。为了省时间，你可以提前准备一些胶带圈。①

- 收集到 30—40 张卡片通常是最合适的。

- 团队成员在卡片上写的字尽可能大一些。

- 如果你直接向整个团队开放议题而跳过了小组讨论，就只能邀请到那些快速思考者或有个人企图的人参加讨论。

- 我通常会在手里拿着 A7 大小的便笺纸以便为每个类别写下临时名称。

- 把卡片放到你认为应该放的地方是很有诱惑力的，你应确保团队认为每张卡片应放在哪里。

- 提前想一下团队要怎样使用这些信息，准备一个问题来帮助团队思考如何使用这些信息。问一个有关意图或下一步行动的问题能帮助人们看到共同思考的价值。这里有一些问题范例："哪个想法最吸引你？""这些数据为你带来什么启发？""这对你们而言意味着什么？""下一步的计划是什么？"

实践案例

在与一家出版公司合作的过程中，引导者使用卡片头脑风暴帮助团队创建未来 5 年的愿景。以下是团队思考出的 3 个类别的名称（表格里的标题栏）以及对应的未来画面。

灵活、敏捷的人员/工作环境	多媒体与多语种的产品	积极、主动的市场营销
更大的员工队伍	光盘	四色书目
5 个项目组	交互式的视频与音频培训	国际市场
月度员工奖励	在线网络	外国版权法务部
员工参与目标设定	彩色书籍	营销部
没有了部门墙	出版儿童图书	测试营销项目

---

① 译者注：胶带圈是指把 4—5 厘米长的美纹纸胶带卷成一个胶面向外的圆圈。如今，引导者常采用喷过不干胶的粘贴墙作为粘贴和整理卡片的工作区。

8. 会议产出文档

> 以终为始意味着你清楚地知道自己的目的地，意味着你知道自己要去往哪里，因而也很清楚自己现在在哪里，清楚自己当下所走的每一步都行进在正确的方向上。

> ——Covey，1990

方法说明

规划任何一次会议都应该在头脑中明确产出。在下一次开会前或开会之初，把这些产出写在纸上或者复印出来发给参会者，这是一种让大家"看见"团队想法的具体做法，它向团队表明：花时间开会是有价值的，因为会议产出值得归档和打印出来。

让思维可见是清晰思考的一个重要方面。会议经常令人厌烦的一个原因，就是人们的想法没有被归档或记录下来，人们总在重复之前说过的内容。另外，当你把会议产出归档并发给参会者时，你其实就是在为团队一点一点地创建历史。过去的清晰画面能够帮助团队继续清醒和专注地前行。

你知道吗？

- 看到会议产出被打印出来，人们会觉得这次会议开得非常值。
- 明确的会议产出能提醒我们：时间被很好地利用了。
- 人们常常容易忘记已有的成就，记录会议产出能帮助我们避免这种倾向。

具体活动

本书中的许多活动要么是在会前做的，要么是在会后做的，但这个活动既要在会前做，又要在会后做。

1. 每次开会前仔细想一想要得到什么实际的产出是非常必要的。如果你不能说明产出是什么，那就有必要想一想这次会议的目的是什么了。

2. 如果产出是一项决定，那就把决定的关键要素、可能的选项或要包含到决定中的准则都记录下来。

3. 在做阶段性汇报或使用文字材料描述项目进展时，会议产出文档是非常有用的素材。

4. 打印出来的文档还能减少关于已经做过什么决定和当初是怎样做出决定的讨论或争议。

5. 把会议产出文档分发给参与者能体现出每个人的价值。

6. 在每个人都看过以前会议的产出文档后，你可以提问：

(1) 在看到打印版的会议产出时，你注意到了什么？

(2) 这份产出文档在向我们传递什么样的信息？

(3) 你会做些什么改变来完善这份文档？

应用提示

• 当你决定要制作、打印并在下次会上给大家发放会议产出文档时，记得要在会上用白板纸或卡片记录团队的想法。

• 这样的资料可以帮助没在会场的人下次参会时能够全身心地参与其中。

• 如果不能在会上完成记录，要么先把已经记录下来的材料全部打印出来，要么把原始记录材料带到下一次会场，然后再找时间整理。

• 如果你觉得同时引导会议和记录有些困难，就请团队成员来帮忙做记录。记录者在做记录时也可以参与讨论。

• 对于那些持续很多天的会议，你需要安排专人在现场记录。这样做不仅不会干扰参与者，反而会因为他们知道在会议结束时就能得到一份文档而营造出某种戏剧化的效果。

实践案例

一位引导者在过去 7 个月里每周都与某个团队就其学校面临的问题创建共识。每次会上至少有一份清晰的会议产出文档。这些会议产出被记录、打印出来，并在下次会上分发给团队成员。以下是其中一份会议产出文档：

- 6个月的计划
- 对计划实施各阶段的具体说明
- 小组成员名单
- 大家头脑风暴出的关于有效团队的要素
- 一份团队正在规划的工作坊流程
- 团队希望结果中要包含的价值观
- 团队的三大目标
- 解决方案的选择清单
- 三大解决方案的说明

9. 实物产出

> 能感受到个人的力量并坚信自己能够做得与众不同，是激发个体出色表现和促进其健康的关键因素。
>
> ——Jaffe，Scott，and Orioli（in Adams，1986）

通常，人们习惯用口头方式来说明事情的进展情况，其实也可以用能代表事情进展的实物产出来说明。团队项目或过往工作的实物产出能让你的说明显得更有说服力。如果你带领多个小组工作，可以让每个小组在下次参会时带来一项能体现他们工作成就的实物。这就意味着，当谈到"落实"的时候，人们期待通过团队的努力带来实实在在的具体产出。

有些人能通过文字在大脑中构建清晰的画面，有些人甚至能从满满一页的数字中构建非常清晰的画面，还有些人则需要看到或感觉到具体的实物才能构建清晰的画面。另外，对那些总喜欢唱反调的人来说，否定具体的实物是很难的，文字或数字或许容易被编造或夸大，但具体的实物是难以被否认的。实物产出能证明团队先前讨论过的愿景已经变成了现实。

你知道吗？

- 有时候我们只有亲眼看到才能理解。
- 具体的实物产出有助于说服我们身边那些强烈的怀疑者。
- 透过实物看到别人对某个创意的实际运用会激发我们同样的创造性思考。

具体活动

1. 如果你带领多个小组开会，可以让每个小组在展示实物产出的同时简单地做些介绍。

2. 每个小组展示后，用某种方式来表达认可，如鼓掌或者说一些欣赏的话语。

3. 当所有小组展示完后，记得问大家一两个回顾性的问题：

(1) 你记住了哪件物品？

(2) 你特别喜欢哪一个？

(3) 这些实物在向大家传递怎样的信息？

(4) 在获得这些实物产出的过程中，你们学到了什么？

4. 如果只在一个小组中使用这种方法，那就让每个人带一份最近工作的实物产出并把它展示给大家。

应用提示

●引导者可以要求每个人（或小组）只用一两分钟简短地展示，因为实物本身就说明了一切。

●如果所有成员都没带来实物，就给大家一些时间在纸上画出或摆些东西来代表他们要汇报的成果。

●回顾性的问题特别重要，因为它能帮助人们内化正在发生的事实。没有什么比真实的物品能更好地打消那些怀疑者的顾虑。

●在展示实物产出的过程中，有些人可能会有负面的经历和教训。"如果情况还是这样的话，我就不做了；如果换一种情况，我可能会做。""如果再做一遍的话，我会这样调整以确保做得有所不同。"这些都是非常宝贵的经验，同时也说明并非我们努力做的每一件事情都能成功。

实践案例

一家提供家庭健康关爱的组织在做来年规划时，要求员工们带一些实物产出。他们将当初募集资金的海报、印着组织名称的 T 恤衫、城镇交易会摊位上的物品、报纸上的文章、演出的门票、客户的美工作品等堆满了会议桌。这些物品给人们带来一种强烈的成就感。随后，大家很快就转入到来年的规划中了。

10. 报告

人们需要认识到自己工作的意义和重要性，并且认识到自己的工作是与整个组织的工作相联系的，而且公司在做的事情也应该在某种程度上与这个世界相关。

——Jaffe，Scott，Orioli（in Adams，1986）

为参会团队以外的人准备一份报告是非常有激励作用的。这能促使团队成员清楚地说明，他们为了实现愿景和目标正在做什么。一份报告会把所有正在发生的事情整合在一起并创建出一幅整体画面。通常，团队会为看到的这些已经发生的改变而感到惊讶。

给团队以外的人做报告，能够带来对已发生事情和下一步做法的有价值的回顾和反思。这是一种从日常任务的执行压力中退一步思考进展状况以及要采取哪些改善措施的方法。当外部人员对此持积极的态度并富有深刻见解，而且懂得如何给予有价值的建议和反馈时，报告这种方法就会特别有帮助，因为这样的反馈表明这些外部人员已经仔细研究了报告并肯定了团队为此付出的努力。

你知道吗？

- 仅仅是知道要做一份报告，就会让团队更加努力地把事情做好。
- 做报告是对项目负责的一种表现。
- 准备一份报告能让人们相信他们的愿景正在变为现实。

具体活动

前文说过，及时记录相关内容并形成产出文档是一种让团队愿景变得充满活力与生机的方法。准备一份报告就是这种方法的变形，为他人做报告更能为团队赋能。

1. 该方法的关键是让团队中的每个人都参与到报告的准备中。

2. 可以用一次简短的工作坊（参见活动 7：卡片头脑风暴）来确立报告的主体结构。

3. 这个结构能够帮助团队做好整合所有内容形成最终报告的分工。

4. 需要再次强调的是，实物产出是非常重要的。照片、图表、曲线图、对比图、来自第三方的文档、文章等都会帮助阅读或聆听报告的人快速了解团队做过什么。

5. 如果可能的话，让团队成员而不是团队领导做报告，因为这意味着成就属于整个团队。

应用提示

● 如果团队已经有了每次会议的产出文档，那么准备一份报告就容易多了。

● 简洁的一页纸报告常常是最受人们欢迎的，这种报告比那些长达几十页的复杂报告显然更容易被理解。

实践案例

一所学校的校委会得知他们将要为地区校委会做一份报告。虽然做一份特别建议就能交差，但校委会非常认真地做了一份报告。校委会的所有成员齐心协力地分析了相关议题的来龙去脉，提供了重要的事实性数据、一份相关规划与培训记录、从不同利益相关方参加过的专题会议中收集到的数据，以及他们向上级所提建议的依据与分析。校委会准备了一份非常棒的报告，在做报告时与地区校委会探讨了他们的下一步行动。整个报告做下来用时 25 分钟，过程令人愉快，没有一处让人感到乏味。

11. 产出装饰墙

有效的愿景是具体、生动和细致的。

——Peters，1987

当会议产出被贴到墙上可供人们随时参考时，会议决策的过程就会被大大地激活。这些产出其实不过就是几张记录上次会议讨论要点的白板纸而已。

把会议产出贴到墙上能促使团队成员聚焦手头的问题。在团队逐步迈向共识的过程中，这能让人们的思考处于共同的方向并不断提醒每个人要将愿景变为现实。

让团队中的每一个人感受到自己的想法很受重视是非常重要的。人们瞧一眼墙面就能看到上周提到的想法。会议过程中，团队成员无须持续地证明自己，因为他们的贡献是可见且不断被提到的。当团队成员走进会场看到会议产出被贴到墙上的时候，人们马上就会觉得这个空间是属于他们的（即便实际并非如此）。

你知道吗？

• 被辛苦工作后的会议产出围绕着的感觉，就好像在哥特式教堂里看到了彩色的玻璃窗。

• 张贴出来的会议产出能提醒大家——团队是成功的。

• 看到先前会议的产出能帮助人们聚焦未来的去向。

具体活动

这个活动需要你在会前和会后都花费一些时间，并对场地有所要求。该活动能营造出富有戏剧性的会场氛围。

1. 在考虑下次会议的产出时，回顾一下之前的讨论材料和会议产出，以此来确定下次会上最需要做什么。

2. 提前几分钟到会场，在参会者到达之前把这些纸贴在墙上。这样做其实是在告诉大家，在一起开会的这段时间里，这个空间是属于他们的。

3. 这个会场很可能会被其他人使用，因此有必要在会议结束后尽快取下所有产出的内容。

应用提示

• 即便已经在电脑中录入过先前会议的产出，也建议保留白板纸或卡片，以便下次开会时把它们贴到墙上。当这些材料逐渐和当前讨论或未来会议不相关时就能取下来了。

• 你可能需要把会议产出保存一段时间，因为你永远不知道，三四周之后是否会有意想不到的讨论要用到某些产出。

• 每次取下白板纸时要去除胶带，以免胶带粘到其他纸上而导致纸张破损。

• 将上次会议产出贴在墙上，会为你省掉不得不详细解释已经讨论过什么的时间。

实践案例

一位引导者与某个团队一起工作数月。遗憾的是，大多数时间里他们都得在不同的会场开会。她每周都会提前 15 分钟到达，整理当天的会议材料并贴好会上可能用到的先前会议的产出。

由于会议场地不断变化，因此她认为让墙上的产出保持一些连贯性是非常必要的。由于每次会议的主题都不同，为此她只选择那些与新主题相关的过往产出。

12. 文章

把愿景以书面形式记录下来后，有远见的人必须做好花费大量时间、心思和精力去实现愿景的准备。

——Richards，Engel（in Adams，1986）

方法说明

这个活动可以帮助团队创作一篇能反映其工作情况的文章。文章可以发表在当地刊物或组织内刊上。这样的文章无须太长，在其中加入一些图表会增强说服力。

那些意识到自己的工作要被公之于众的团队成员往往会在任务上投入更多精力和注意力。如果人们得知有外部人员要来向自己学习，很多人都会对自己的工作感到格外兴奋。将团队的辛勤工作写成文章，其实就是在帮助团队"讲述自己的故事"，这有助于在持续的工作推进中维持有意义的愿景。

你知道吗？

- 写文章通常意味着要向周围的人宣布一些好消息。
- 在文章中分享团队的工作会帮助团队成员心情变好。
- 文章会让团队整体感到自豪。

具体活动

1. 由团队决定多长时间在当地刊物或内刊上发表一篇文章。

2. 头脑风暴出所有可能的文章及相关内容，这样可以调动整个团队的智慧。

3. 鼓励团队中任何有写作天赋的人向当地刊物或内刊投稿。

4. 还可以指派团队中的成员合伙写一篇文章。

5. 或由团队集体共创一篇文章，在每篇文章交稿前预留一些时间进行共创。

6. 一定要向团队介绍并展示已发表的文章。

应用提示

●简单且有规律比声势浩大却昙花一现更重要。

●每次由团队共同决定文章的重点能帮助团队成员记住写作的重要性。

●团队的成就在电视新闻上播出，同样能带来好的效果。这种关注和认可对保持团队的工作水准和动力大有好处。

实践案例

在一场旨在促进商界和学校教育机构合作的研讨会召开7个月之后，当地周报刊发了一篇文章，总结了该合作项目在这7个月里的具体进展。

文章强调，在接下来的学年里，学生将有更多接触商务人士的机会，因为商界的领导者已经意识到，接触在校学生对他们未来雇用劳动力有积极的影响。

合作伙伴实现这种接触的做法是，分别邀请一位校长、教师和学生与一位商务人士共进午餐，以此来开展学校和商界的对话。

其他举措还包括让商界代表走进课堂，与学生直接讨论未来的就业机会和工作需求。

策划团队想到的这个好主意，让整个社区通过文章了解了这个项目，并以此增加了人们对整个社区强化商业与教育伙伴关系的支持与投入。

第 3 章

阐明整体框架：高级策略

本章导语

人们渴望看到事物的整体画面。缺少整体框架感时，人们就会迷失方向，就像我们从整个蛋糕切下几块以致旧的架构分崩离析从而失去意义一样。人们需要建立一种新的框架来将有意义的愿景置于更广阔的背景中。有意义的愿景提供了每天行动的理由及其背后的完整故事。能够看到整体框架的人更愿意参与到迈向愿景的实际行动中。

在整体框架上达成共识是对各种行动策略形成共识的重要一步。事实上，对整体框架的共识能为规划执行策略释放创造力。阐明整体框架能将人们的意识提升到一个新的水平，将意想不到的能量释放到大家都渴望的结果上。整体框架通过这种方式来发掘那些对建立团队真正共识至关重要的深度承诺。

13. 奇迹之墙

有效的愿景是为未来做准备，但它同时又能尊重过去。

——Peters，1987

这个活动对已经共事过一段时间的团队来说是一个极富能量的活动。它能让新成员快速了解团队的历史与背景。这个活动也是一种唤醒团队早期成员初心（愿景与希望）的工具。此外，这个活动也能让团队回忆起团队初创时期的历史与社区性事件。

通过对全球、所在地区或社区、组织或团队发生的大事展开头脑风暴，人们将会看到推动团队发展的多个事件之间的联系。

你知道吗？

• 那些反映公司或组织是怎样从周遭世界中发展起来的整体画面，能使公司或组织对其自身角色产生新的认识。

• 如果公司或组织打算为自己创编一则有力量的故事，可以尝试从这个活动开始。

• 看到组织过去和现在的发展阶段能帮助团队展望下一个发展阶段。

具体活动

1. 确定团队或组织已经存在了多久。

2. 沿着团队面前的空白墙面，在上方列出团队成立至今的各个年份。如果有必要的话，用5—10年作为一个阶段，这样便于管理。例如：

1965　1970　1975　1980　1985　1990　1995　2000　2005

或者1年为一个阶段：

1997　1998　1999　2000　2001　2002　2003　2004　2005

3. 在空白墙面的左边，列出以下三个类别：全球事件、社区或本地事件、团队或组织事件。

4. 让每位成员针对这三个类别，从团队成立之初的时间开始，静静地头脑风暴出相关事件。每个类别给大家 3 分钟。

5. 让每位成员在 A5 卡片上针对每一类写出 2—3 个大事件，每张卡片上写一个。

6. 让大家把所有卡片贴到墙上，注意确保大家把卡片贴在了正确的行和列中。

7. 待卡片都贴好后，每个类别和整个时间段里会有大量的卡片。

8. 用下列问题来帮助团队理解墙上的信息并对他们在"奇迹之墙"上所创写的故事"划分篇章"。

（1）在全球事件中，哪张卡片脱颖而出？

（2）你从全球事件的卡片中看到的关联是什么？

（3）在社区或本地事件中，你特别注意到哪张卡片？你从这些事件中看到了什么关联？

（4）在团队或组织事件中，你特别高兴看到哪张卡片？哪些卡片看起来是有关联的？

（5）在所有这些全球、社区和组织的事件中，你在哪里看到了什么样的关联？

（6）如果要将组织的历史划分为 3—4 个主要的阶段，你会怎么划分？

（7）你会怎样给这 3—4 个阶段命名？

（8）你会如何给整段历史起一个名字，比如"关于 ＿＿＿＿＿＿＿＿ 的伟大故事"？

9. 试着问一个回顾性问题来结束活动，比如"在创建'奇迹之墙'的过程中，你对组织的理解发生了什么变化？"

应用提示

• 你可以在墙面左侧列出不同的主题，比如对于教育团队，你可以用教育领域事件替换社区或本地事件。

- 你可以把"教育领域事件"作为第一行，"我的个人生活事件"作为第二行，"团队或组织事件"作为第三行。团队的性质和使用这一方法的目的能为你提供分类的线索。

- 你还可以问问大家能从每个"篇章"中听出什么样的音乐，感受到什么样的颜色或声音，或是让每个团队为每个"篇章"创作一段哑剧，等等。

实践案例

响应人们需求的伟大故事			
事件	摸石头过河	自信地成长	扩展我们的服务
	1986—1990 年	1991—1995 年	1996—2000 年	2001—2005 年
全球事件	科拉松·阿基诺在菲律宾当选总统 柏林墙倒塌 苏联解体 "挑战者"号失事	克林顿-戈尔组合竞选成功 海湾战争 个人电脑的兴起 索马里海盗发起挑战 曼德拉在南非当选总统 手机在增多	互联网兴起 戴安娜王妃去世 香港回归中国 约翰·保罗二世访问古巴 巴拿马运河回归巴拿马	"9·11"事件 伊拉克战争 恐怖主义袭击巴厘岛、马德里和伦敦 东南亚海啸 美国飓风
本地事件	开启全市需求调查 发生龙卷风灾难	主要工业迁往得克萨斯 新城市的文化中心 亚洲难民的流入	发起新的全州工业运动 发生洪水灾害 施行新税系统	现任市长竞选成功 市中心发生火灾 新兴产业迁移到当地
组织事件	组织成立 有了 10 位员工	新增 4 处办公场所 开始印刷通讯录 新增两个部门	获得国家认可 开展主要的募资运动 第一次召开全州大会	有了 100 名员工 工作全部实现电脑化 展开国际合作交流

14. 全球事件对话

有效的愿景要在市场上说得通，并在动荡的世界中通过强调灵活性和执行力来经受时间的考验。

——Peters，1987

方法说明

你未必总有足够的时间来做"奇迹之墙"。遇到这种情况，花 10—15 分钟使用"全球事件对话"这个方法也会带来不错的效果。对话中的问题能引发团队较高的参与度并贡献足够的数据，帮助人们看到他们在自己的组织或社区中日常处理的事情是怎样与世界各地正在发生的事件产生关联的。此外，在对话的结束阶段，当被问及可利用的积极趋势时，人们会发现，这些重大的历史与全球事件可以被用来规划自己团队的未来。

你知道吗？

- 感受到与整个世界有联系，会让人充满能量。
- 扩展归属感会加深一个人的责任感。
- 让自己与世界相连，能改变一个人的意识。

具体活动

下面是一组你能在对话中用来和团队一起思考并交流的问题。你应该对每个问题都寻求几个不同的回应。不要担心可能会出现几秒钟沉默，因为你提出问题后人们需要时间来整理思绪。

1. 如果你在为某个组织服务，你就要把问题聚焦在与客户相关的主题上。例如，在全球与全国发生的哪些事件影响了你们所在的教育领域（医疗领域或金融领域）？

2. 同样，在本省或本地区又有哪些事件影响了你们？

3. 你们是如何经历这些事件的？换句话说，这些事件对你们产生了怎样的影响？

4. 这能为你们谈论、听说、看到或尝试解决的问题带来哪些有创造性的、积极的应对策略？

5. 在团队做规划的当下，可以利用哪些明显而又积极的趋势？

● 如果参与度不高，或者说只有一两个人参与，你可能需要让每个人都回答一些问题。

● 记住，你不需要得到一份全面、详细的答案清单。你只需要一些具体的答案，一旦大家对问题有了大概的理解，就可以继续提问了。

● 对于那些非常机敏的团队，我经常在最后追问一个问题，鼓励他们思考使用全球事件对话的原因："今天我们为什么要用这种对话的方式来开启工作坊？"

● 带领这种对话最棘手的问题就是参与者有时会滔滔不绝。你需要丰富多彩的答案。因此，如果有人想要长篇大论，不妨重复一下问题，或是引导一下对方的话题方向，比如"能否用一个短语……"或"只需要告诉我具体事件的名称就可以……"。此外，这种对话不是辩论或争论。从某种意义上说，组织这种对话是在打造语言的蒙太奇，之后再让团队退后一步聊一聊。这种对话会产生很大能量，然而只需要 15 分钟。

● 你需要注意的是，大家的回答是否有明显的遗漏。比如，人们只回答了全球事件而没有提到国内事件，或只提到了国内事件而没有提到全球事件，如果发生这种情况，你就要提醒人们再想一些事件，补充忽略掉的维度。请记住你的职责是组织对话，无须给出任何答案。

一家卫生保健组织需要对其面临的问题收集大家的看法。下面的全球事件对话帮他们奠定了当天的会议基调。

作为引导者，我首先问道："在全球和全国发生的哪些事件对你们的业务产生了影响？"团队的回答如下：

- 外包的兴起
- 来自其他国家的竞争
- 高额的医疗费
- 石油价格上升
- 技术进步
- 环境保护意识

我的下一个问题是："在本州或本地区发生的哪些事件对你们的业务产生了影响？"团队的回答如下：

- 当地税收的增加
- 公司搬迁到其他地区
- 本地颁布的一些新规定
- 有些公司已经停产关闭
- 小企业不堪高额医疗费的重负
- 工作场所中的多样性

然后，我又问："这些（影响）让你们经历了什么？"得到以下答案：

- 公司很难找到合格的员工
- 已经开始裁员
- 员工士气低落
- 员工必须自行支付部分医疗保险费用

我接着问道："你们看到了哪些有创造性的、积极的解决方案？"团队成员提出以下建议：

- 员工适当参与管理决策
- 加强员工的再培训
- 简化先前的复杂工作流程
- 多设计和开展一些员工认同的项目

我最后提出的一个问题是："目前我们可以用到哪些明显而又积极的趋势？"团队的回答如下：

- 飞速发展的科技

- 团队共享式决策的增多
- 全球化流动的加剧
- 传统的东西方边界的日益模糊
- 替代性医疗方案的增加

15. 简报

愿景源自何处远不如愿景如何被众人共享重要。在愿景尚未与组织中个体的愿景连接之前，不能被称为真正的"共享愿景"。

——Senge，1990

方法说明

根据团队的性质，定期与某些能支持团队发展的人展开交流是很有必要的。即便只是与其沟通一些很简单的事情也会给团队带来很大的影响。哪怕每个月以简报的形式，用一张纸来总结一下关键事件也会有所帮助。简报可以做得更有想象力一些，可以集中在两三件事情上，这样就能很好地传递出团队做过的事情。当团队和外部原本沟通较少或感到需要做更多沟通时，这个方法会非常有用。

把正在做的事情告诉别人，能激发团队的动力和投入度。简报还能支撑最初将团队凝聚起来的愿景。这种沟通方式所带来的反馈是非常有价值的。

你知道吗？

- 简报能向外传递一种"嘿，注意啦！我们又干了一件大事！"的信号。
- 简报能让人们不断地意识到自己思考和做事的力量。
- 白纸黑字印出来的东西会让项目、事件或议题显得更真实。

具体活动

由于简报能提醒团队愿景正在变成现实以及团队的努力正在带来影响，所以这个活动可以巩固团队并增强团队成员的连接感，这也是共识的关键组成部分。

1. 如果简报这样的定期沟通工具不适合你的团队，那"活动12：文章"或许会更适合。

2. "活动8：会议产出文档"对定期提供会议文档很重要，其中一些也会非常适合在简报中使用。

3. 如果团队真的决定要做一份简报，那就让团队共同完成，而不是把这个重任压在一个人或领导者身上。

4. 10分钟的头脑风暴通常就能给每期简报提供足够的素材。在白板纸上记下头脑风暴的内容，这样便于保存。

5. 定期与团队反思简报的发布周期是否妥当。比如，如果每月一期有些负担过重，那6周一期如何？如果团队乐此不疲，或是简报引发了很多有用的信息反馈，那么每两三周做一期或许会更好。

应用提示

• 如今电脑上有很多自带简报模板的软件，如果团队决定做简报，我的建议就是：做得尽量简单点。

• 制作精美的一页简报远比制作粗糙的四页简报要好得多。

• 简报的对外作用是宣传，对内作用也同等重要，那就是讲好故事并维持愿景的活力且不断地扩展愿景。

实践案例

在威斯康星州的一个小镇上，一个旨在建立地区商业和教育机构伙伴关系的团体发起了一项名为"伙伴关系计划"的联合行动。他们还定期发布一份名为"伙伴关系"的短简报。其中一期的文章标题如下：

• 9月要事回顾

• 发明大会（一份在规划工作坊中发起的关于某具体项目的汇报）

• 工作见习（一份在规划工作坊中发起的另一个具体项目的汇报）

• 我们的学区采用了商业—学校"伙伴关系计划"

• 标志设计（关于未来所有书面沟通中要使用的项目标志设计的汇报）

16. 组织原则工作坊

人们每天都需要"指路明灯"来导航和做决定。然而，核心价值观只有在被转化为具体行为时才有用。

——Senge，1990

方法说明

当团队刚刚聚在一起，或对某些事情有着很大分歧的时候，帮助大家提炼出组织的总体原则可以为一致性意见的达成奠定坚实的基础并促成真正的共识。

当把对某些导致情绪焦虑的事情放置一边时，人们会惊讶地发现，他们在真正想要的结果上意见高度一致。通过将注意力聚焦到人们希望在解决方案中看见的有价值的原则上，人们便能发现团队内部的各派别之间其实也有共同的重要原则，而这些原则构成了信任、协商与妥协的基础。

你知道吗？

- 原则比金钱更能打动人们。
- 原则赋予人们工作的意义。
- 就原则来达成共识需要人们做出承诺。

具体活动

1. 简单向团队成员解释一下，为什么建议大家花些时间来讨论团队的原则。

2. 让小组成员做几分钟个人思考，想一想希望组织体现出什么样的原则。

3. 在 2—3 人的小组中让大家讨论一下他们认为最重要的一些原则。

4. 让小组选择 5—6 个最关键的原则，分别写在 A5 卡片上。

5. 小组写好卡片后，让大家逐次交上来。比如，先让团队把最清楚的交上来（参见活动 7：卡片头脑风暴）。

6. 把卡片贴到墙上后，询问大家哪些卡片应该归在一起。

7. 在所有卡片被递上来并归成几个类别后，为每一类别起一个临时的名称。

8. 这个结果便代表了团队原则的整体框架。

9. 问 1—2 个有关原则的回顾性问题："看到这个原则的结果，你感到惊喜或高兴的是什么？""它在向我们揭示什么？"

应用提示

● 要让人们关注到原则而不是要去解决的具体问题上。

● 虽然人们无须喜欢墙上的每一张卡片，但让这些类别的名称成为整个团队可以支持的原则是很现实的。这会给团队带来第一次真正的共识感。

● 这时你可以通过提出以下问题来帮助团队向前迈进——"这意味着我们想让组织看上去具体是什么样子的？""有什么具体的方向或项目能体现出这些原则？"，或者问一个有关行动的回顾性问题："有什么具体的行动能为我们的组织带来这些原则？"

● 根据团队的情绪状态，你甚至可以问："经历了刚才的活动，作为一个团队，我们发生了什么？"这将让人们再次体验到与他人真实连接以及作为团队在一起工作的感觉。

实践案例

在引导者与团队开展了为期 6 个月的工作后，引导者问大家："在我们基于共识来创建解决方案的过程中，有哪些预设的前提、价值观、原则或希望？"

小组成员认为以下是过程中要体现的一些原则：

● 动态、开放的过程
● 障碍也是机会

- 协作的团队精神
- 相互尊重的氛围
- 明确和积极的结果

17. 有意义的愿景表

愿景宣言是组织建立自身文化的档案，正如美国文化是建立在《独立宣言》和《人权法案》上一样。

——Richards, Engel（in Adams，1986）

方法说明

这一方法是建立在卡片头脑风暴基础之上的，方法的产出是创建一张关于愿景宣言的简洁表格。完整使用本方法的工作坊能将个人对组织的希望描绘成一幅团队共同渴望的完整蓝图，而这幅蓝图将是任何团队做正式规划或设定目标的起点。

你知道吗？

- 人们会为自己思考和努力得到的结果承担责任。
- 在清晰的表格中展示团队愿景会让愿景看起来更可能被实现。
- 几个月后再次回顾这张表，人们会发现什么是有效的以及需要更多地关注什么。

具体活动

1. 解释为何要讨论愿景之后，询问团队成员："若干年后你们看到在组织中发生了哪些具体的事情？"
2. 给团队成员一些时间来记下他们的答案。
3. 让大家在两人或三人组成的小组内讨论他们的想法。
4. 让团队将答案写在 A5 卡片上，字写得大一些；每张卡片写一个答案，用3—4个词。
5. 让每个小组提交一张他们的卡片，比如描述最清晰的一张。
6. 用胶带圈分别把这些卡片粘到前面的墙上。

7. 让大家交上来更多卡片，比如每组中最特别的卡片。

8. 当把卡片贴在前面的墙上时，提醒团队注意卡片之间的关系。

9. 把这些卡片归下类，这样就逐渐形成了群组。

10. 为每个群组起个临时名称，为每个群组标上一个数字、字母或符号。

11. 如果剩余的卡片能自然地归到某个群组中，就让小组在剩余卡片上标上对应群组的数字、字母或符号。

12. 收集剩余的卡片。

13. 讨论一下还没有归到群组中的卡片。

14. 把所有卡片归到群组后，继续打磨群组的临时名称，让每个名称能包含愿景中的具体陈述。

15. 我常问大家一个回顾性问题：你对哪一组最感兴趣或哪一组让你感到最兴奋？

16. 记得安排专人把产出录入表格以备下次开会使用。

应用提示

• 使用这个策略前请先看一看"卡片头脑风暴"这个方法的介绍。

• 与任何团队做规划时，首先从他们要去往哪里开始，而不是从他们面临的问题或障碍开始。因为如果从问题或障碍开始，那么从一开始就为团队工作设定了消极的基调。

• 为每组愿景归纳出名词性标题后，让团队用1—2个形容词来准确描述这个愿景。

• 你需要预留一个小时来完成这个活动。

实践案例

一个关注改善客户服务的银行团队用这个活动制作了一份他们未来3年的愿景表。

北区国家银行 3 年的务实愿景				
客户服务得以改善		营利性增长和业务扩张	培训和设备得以扩展	
便利的客户服务	客户导向的组织效能	更广泛的市场基础	个性化的客户服务培训	先进、省时的设备
• 高级柜员终端 • 通过语音邮箱接入支票查询 • 增加自助取款机的数量 • 在线银行	• 省时的批量存档 • 员工流失率降低 • 更快的贷款处理过程 • 客户录入 • 长期投资 • 本地经验	• 交叉培训 • 再增加一处设施 • 大厅设有门卫 • 范围扩展的广告宣传	• 礼貌、及时和高效的服务 • 更好的装备来服务更精明的客户 • 薪水增长 • 与其他部门更好地沟通	• 更多计算机和个人电脑 • 更多现代的电话系统 • 在线声明

18. 所有利益相关者

领导者留给团队持久遗产的方式就是确保团队成员愿意分享并实现他们的愿景。

——Hargreaves，Fink，2004

这个方法能帮助团队成员建立一种意识——在创建解决方案时，让所有受到影响的利益相关者代表都参与进来是非常有好处的。这个活动能帮助团队负责人改变只让少数人参与进来以便控制结果的最初想法。

你知道吗?

• 历经多年，企业界发现，让最接近一线的员工参与解决关键问题是非常有价值的。由于离问题最近，这些人往往最清楚解决问题的方法。

• 团队共识的优势会通过团队成员所呈现的观点的多样性体现出来。通过多元视角达成的共识会更有力量。

具体活动

1. 请团队成员头脑风暴出所有会受到会议议题影响的人和机构。

2. 画一张四列多行的表格，在首行的第一列标上"人/机构"，第二列标上"好处"，第三列标上"问题"，第四列标上"办法"。（见下表）

3. 沿着"人/机构"一列下方各行写下第一步头脑风暴出的各种人和机构的名称，每行写一个。

4. 写出让他们参与到解决议题的行动中来可能对其产生的"好处"。

5. 写出他们参会可能带来的"问题"。

6. 提出能解决这些问题的"办法"。

7. 让团队成员反思：在这个活动中他们的想法发生了怎样的变化。

人/机构	好处	问题	办法
A			
B			
C			
D			
……			

应用提示

● 如果团队成员在某个地方"卡"住了，说不出有什么"好处"，让大家用下面的句式来思考和回答也许会有所帮助，即"让行政人员参与进来是个好主意，那是因为_____"。

● 有时候反着来也行，即"不让行政人员参会是不明智的，那是因为_____"。

实践案例

某个学区决定做一场战略规划与实施的引导会议。最初，策划者只想让校长、校长助理和一些地区行政管理人员参会。引导者建议邀请一些老师、家长、社区成员甚至学生来参会。策划者一开始对此感到非常奇怪，后来他们考虑了让这些利益相关者参会的好处，最终决定邀请他们参会。最后，所有利益相关者都因除自己之外的其他人能来参与这个严肃而认真的活动而对此次会议留下了深刻印象。他们尤其感激学生代表们热情、踊跃的参与。

第二部分　有参与感的过程

当人们被邀请到一起分享彼此的想法、关切和需求时，他们就会变得很投入，就会从被动的指令接受者变成坚定的决策拥护者。这就是共识决策的力量。

——Dressler，2004

新的工作观念重视每一位员工在创建组织方向时的参与。有越来越多的观点认为，组织中的人力资源可能是其拥有的最宝贵的资产。此外，组织也发现，能够提高组织整体效能的不仅有员工的双手，还有他们的头脑和承诺。简而言之，忽视一个人的热情和关切无疑是一种巨大的资源浪费。只有参与其中并形成共识，这种热情才有助于组织的运作。

　　我们需要的是激发全体员工智慧和创造力的方法。由于问题太大或过于复杂，在全体员工拥有巨大的可供利用的精神财富与能量时，解决方案不可能只来自少数人。要从如此巨大的智慧与创造力中获益，就需要让员工知道有助于做出明智决定的关键数据。公布这些数据意味着要信任员工，要把原先只分享给少数人的信息公布于众。

　　另一种用好人们智慧与动机的方法是建立个体目标与组织整体目标之间的联系。换句话说，真正的共识过程始于个体的愿望与希望，以及由此建立的整个组织的策略与方向。如果这个过程进行得非常顺利，就会挖掘出个体的能量以达成组织的目标。就个体目标和组织整体目标列出一份头脑风暴清单会是一个非常好的开始，不过，超越这份清单去感受其背后的意义才是至关重要的。

　　换句话说，仅有参与是不够的。人们希望看到自己的参与能够有所贡献，能够带来改变。人们希望看到自己的想法和组织中正在发生的事情之间的联系。从单纯参与转变为承诺行动的唯一途径就是建立真正的共识。只有当人们建立起共识，即当人们意识到个体的零散经验能够聚在一起形成某种有组织的整体时，参与才会带来责任感。

　　斯宾塞指出，当今时代，在人们绝望与愤世嫉俗的背后，隐藏着一种想把精力用于有效事务的强烈愿望。（Spencer，1989）当人们想要做出某种承诺时，他们希望自己能够参与到将要承诺的事情当中。如果人们要投身于超越自己的某些事情，他们希望能在其中看到自己的付出。

真正的参与本身是复杂的，它是完整、不断发展和有指导的过程。参与也是指导和引领组织整体画面的一部分。参与并非只做一次就行，也无法仅靠某个人或某位团队领导突发奇想就能实现。参与是一种持续运作的模式，组织需要一套新的技能来推动和维持成员的真正参与。

如今，除了参与本身的动态性之外，还有更复杂的情况。组织成员比以往更加多样化，通常是多种族、多民族、多信仰和多年龄段的。此外，许多问题不仅存在于组织内部，很多时候是普遍存在于整个社会的。所有这一切都表明，在当前复杂和多样的社会中建立共识，可能比以往任何时候都困难。

尽管这些障碍看起来势不可当且不好解决，但给我们指明了解决的方向。我们在工作场所遇到的多样性正是解决问题的关键。有了适当的技能，我们就可以用好这些多样性创造出基于共识的解决方案。丰富的洞察力与创造力能够帮助我们解决所面临的问题。

那些试图掌管所有事务的管理者、领导者和校长们很快就会发现，这样做其实完全行不通。他们要么进入疲惫模式，要么迈向共同参与和建立共识的模式。原因很简单：因为在今天，我们不能指望任何人拥有所有的答案。我们面临的问题极其复杂，整个世界、当前的技术以及不断变化的社会都在变得复杂，只有多元的思想和观点才能成功地找到可行的解决方案。

参与的四个核心价值是全然参与、相互理解、包容性的解决方案与共担责任。(Kaner, 1996, p. 24) 全然参与要求我们使用的方法能让每个人做出贡献和说出自己的想法。当能够巧妙地鼓励人们参与时，人们甚至愿意分享那些尚未考虑成熟的想法。相互理解意味着团队要努力去理解别人的想法及其所代表的价值观。通常某个看起来与团队方向不同的想法，在被探索和发现其背后的思考后也会变得很有意义。包容性的解决方案意味着将所有观点与需求整合起来，往往比基于个人或部门观点与需求制订的解决方案要好得多。让那些难以开口说话的人参与进来是需要技巧的。共担责任表明，当上述所有过程都进展得非常顺利时，人们就会自然而然地产生去执行和对决策结果做出承诺的渴望。

真正的参与可谓好处多多。"参与的好处有：改善关系、改变假设与信念、共享目标和意图、变得成熟和增加认知的复杂性。它会以螺旋上升的方式呈现出来：参与越多，发展得就越好；发展得越好，参与的质量就越高。"(Lambert, 2003, p. 12) 兰伯特（Lambert）认为，随着成功参与的增长，参与的意愿也将越来越强烈。

特别值得我们注意的一点是，在使用各种方法促进参与时，不能让这些方法变成"强制性或操纵性的"。

最后，共识决策也不是让团队服从预先定好的强制性或操纵性的策略。共识决策的目的不是让它看起来是参与的，共识决策本身就应该是参与的。当团队成员因屈服于权威或压力而不是真正同意某项决定时，这便是"假共识"，这终将导致怨恨、

愤世嫉俗和不作为。(Dressler，2004，p. 3)①

"假共识"最终会破坏团队的所有努力。这就是为什么领导者要好好地想清楚，哪些决策需要采用共识决策的方式，哪些决策可以通过其他方式达成。达成共识可能需要很多时间，但共识将带来更大的效能。

"人们参与或是有参与的愿望，这些还远远不够。参与需要团队成员掌握新的技能。"(Blake，Mouton，& Allen，1987，p. 127) 由于复杂性在不断增加，共识要求学习新的技能以适应当今更具参与性和引导性的工作环境。

随着这些新技能的不断运用，人们会越来越感到舒适和有把握。恰当地使用这些工具，常常能让使用者应对某些有意或无意形成的不利环境。很多时候，引导者会被邀请去带领参与式的规划，结果却发现请他来的领导者其实根本就没有向员工授权的意愿。领导者只是想延续他自上而下的领导方式而已。

共识通常是指横向连接。强大的横向连接自然而然对牢固的、自上而下的科层结构构成了威胁，这一事实甚至增加了真正共识的复杂性。此外，正是强大的横向连接提高了达成共识的可能性。

---

① 译者注：引自《共识决策：用对话建立共识，获取支持度和执行力》，拉里·德雷斯勒著，张树金译，华夏出版社 2021 年出版。

第 4 章

激发全员参与：初级策略

本章导语

实现真正的参与并不容易。人们很容易去批评那些努力创造真正参与的最初尝试，也很容易发现这些尝试中的某些瑕疵。"无论领导者的目的是什么，全员参与都至关重要"的理念并不会凭空产生。人们很容易就回到"久经考验"的自上而下的方式中。有时这种情况非常微妙。许多充满善意的领导者会说："现在，希望每个人都能参与到决策中来。"然后，领导者滔滔不绝地讲了 30 分钟。可见，参与从一开始就被阻止了。还有些领导者虽然允许员工发表看法，但很快他们就会介入，觉得有必要捍卫自己的立场、言论或行动。

很多时候，领导者只是没有工具来激发真正的参与。通常情况下，人们要么害怕这样的参与，要么不相信充分的参与能带来有用的结果。

另一方面，如果人们觉得自己的声音从未被听到，他们就没有心思去考虑共识。事实的真相是，有些人愿意去达成共识并相信团队已经听到他的想法，即使最终结果与他的建议有所不同。不经过引导的参与本身并不会产生信任，也不会自动将团队带向共识。此外，如果看不到某些有形的结果，人们对待参与的态度也会变差。只有对参与的焦点和方向有所关注时，人们才会放弃旧的、专制的方式。

人们渴望自己的见解能得到领导者的欢迎和信任。如果这种信任是真实的，那么参与就会得到加强，巨大的人力资源就会被恰当地运用到行动与解决方案中。

19. 提出真正的问题

参与式决策为员工提供了将个人目标与组织目标统一起来的重要机会，并能强化员工工作的意义。

——Spencer，1989

方法说明

运用这一方法时，先让人们写下他们认为对特定会议来说至关重要的问题。然后，引导者将这些问题放在一起，引导团队创建会议要解决的一个问题。

这不仅能促成一些初步的参与，还会为后续会议提供焦点。另外，它还能向敏锐的引导者透露人们头脑中的某些重要信息。在稍后的会议中提及这些个别问题时会让团队觉得引导者在意他们所说的内容。

你知道吗？

- 帮助团队发现真正的问题能为他们带来第一次达成共识的体验。
- 找到一个问题便是为会议提供了清晰的焦点。
- 当发现会议跑题时，你可以用正在讨论的问题提醒大家。

具体活动

1. 以恰当的方式开始会议，比如做个自我介绍。

2. 告诉团队："我希望每个人想一想，然后写下你认为今天要在会上共同解决的一个问题。"

3. 在会场前面准备好白板纸。

4. 当团队成员思考和写过之后，邀请一些人分享他们的答案。

5. 在会场前面的白板纸上记录所有的问题，即使有些问题看起来是重复的也没有关系。如果有 6 个以上的小组，就让每个小组提出一个有代表性的问题。

6. 当大家分享完问题后，询问团队："这些问题的相同点或共性是什么？"

7. 通过询问"你认为这次会议要解决的一个问题是什么？"与团队一起逐步创设出真正的问题。

8. 向团队说明，在会议结束时，大家再来检查一下这个问题是否得到了解决。

9. 在会议结束时询问大家："今天的会议是如何解决这个真正的问题的？"

应用提示

· 这个活动不仅能带来参与，而且还在非常基本的层面为团队带来初步的共识体验，能在会议开始阶段就给人们带来成就感。

· 把问题贴在会场前面，能让人们把注意力集中在会议焦点上。

· 本活动的一种变形就是由引导者提前设计好一份包含多个议题的议程，然后让团队对议程项做优先排序。

实践案例

引导者到某所学校去主持一场两小时的目标制订会。会前他没能与任何人碰面，他唯一知道的就是主题：目标制订。正如他所了解的那样，这里面有多种可能性：我如何帮助学生设定班级目标？我如何帮助学生设定个人目标？我如何更好地设定自己的教学目标？

开场后，引导者问大家："想想今天的会议，你希望在会上得到帮助的一个问题是什么？"在大家写下个人的答案后，请一些人分享了他们的问题：

· 我怎样在受到很多干扰的课堂上完成教学目标？

· 当我的目标需要分解到几个月时，我要怎么做？

· 我可以重新调整我的目标吗？

● 学生的水平参差不齐，你们是如何实现目标的？

在前面的白板纸上记下所有的回答后，引导者继续问大家："看看这些问题，它们之间有什么共同点？"渐渐地，团队创设出了一个问题：怎样提高能力来完成课堂教学目标？

20. 重要事件

幽默的故事、对个人或机构发展中里程碑事件的庆祝、简短的放松活动、充能游戏或是在适当的时候休息一下并来点精美的茶点都能让会议变得有趣、意义重大和充满活力。

——Spencer，1989

方法说明

有天赋的人即使是参加普通的会议也能给大家带来活力并让会议显得不一样。如果会议前后恰逢某个节日，据此做些特别的安排是很好的。此外，庆祝一下某人的生日和给单调乏味的会议增添些额外的元素也是可以的。你可以用很多方式来活跃会议气氛从而激励团队继续前行。

"重要事件"这一方法能给人们带来兴奋感和期待，能让团队变得更有凝聚力，并为达成真正的共识奠定基础。因为这些活动都向我们表明，自己的同事是伟大和重要的。当你相信自己的同事真是如此时，你会发现自己很愿意同他们一起去建立共识。

你知道吗？

- 事件能激励人们并唤起参与。
- 讲述积极的事件是关照团队成员的一种方式。
- 有趣的会议能带来人们对下次会议的期待。

具体活动

这个活动实际上是指每隔一段时间就要回顾一下团队的状况以及展望一下接下来要做的事情。

1. 经常性地用某种方式来了解一下团队的情绪或状况。

（1）回顾时可以询问大家团队的情绪是怎样的。

（2）注意观察团队成员到场和离场时的表情。经过长时间的工作后，团队成员可能会很疲惫地来参会。我在会上就曾看到过团队成员"满血复活"的情况。

（3）留意人们谈论的话题以及团队成员的声音、语调、面部表情与状态。

2. 当注意到团队成员已经失去最初的兴奋感或期待时，你就应该采取行动让会议变得有所不同了。

3. 这时候你可以采用下面的方法。

（1）和大家一起去吃午饭。

（2）庆祝近期取得的胜利。

（3）用简单的方式认可一下团队的每一位成员。

（4）坐下来，再次回顾一下近期取得的成就。

（5）请管理者说几句认可大家的话。

（6）把团队一直在忙的事情写出来并让人给大家汇报一下。

（7）一起去看场电影。

所有这些都是能将普通会议变得有所不同的方法。

应用提示

• 如果你没有这么多想法，也许你的团队里有这种人，没准儿在下次会上，他会很高兴地为你做些什么来让团队会议变得有活力。你也许可以设置一个特殊头衔专门做这件事，到下次开会时再把这个头衔转给另一个人。

• 无论你做什么都要向团队成员传递出这样的信号——团队的参与特别重要。当团队成员知道这一点后，他们就会积极参与其中，你也可以从他们那里获得更多能量。

实践案例

某学校希望让社区居民和家长参加周六上午的晨会，就学校里过度拥挤的问题进行头脑风暴，以便找到一些可能的解决方案。有位老师想到用情景剧来戏剧化地表达人满为患的状况。

总共有 25—30 名学生在这个情景剧中扮演了角色。他们在不同场景中展现了这些情况：必须在大厅里进行的特殊教育课程；七、八年级的学生只能在大礼堂而不是在餐厅里吃自助餐；一、二年级的小学生害怕与七、八年级的中学生拥挤地走在楼梯里。所有这些情景剧都活灵活现地说明了学校面临的问题。

　　这是一个充满能量的活动，很多人参与了周六的晨会。总共有 200 多人在礼堂里观看了表演，还有 75 人留下来参加了研讨会。

21. 投票

"员工参与"一词已经变得根深蒂固，以至于现在很难找到一本根本就不提"参与"的管理类书籍。

——Spencer, 1989

投票能迅速揭示出一个团队的想法，同时让每个人都动起来。让团队成员在不同项目上贴一个或多个票点，以此观察整个团队的思考状况。投完所有票点后，带领一次对话，帮助团队反思所得到的结果。

建立共识的一个重要步骤就是帮助团队"看到"自己的想法，投票便是方法之一。在一连串戏剧化的操作后，人们很难与自己创设出来的画面过不去。虽然这个结果可能与某个人的想法不一致，但没有人会质疑整个团队的想法。

一旦投票结束，就可以安排一次对话来讨论投票结果的含义，切记不要只和团队中的某个特殊人物讨论。这种讨论过程能帮助团队成员远离自身的情绪并迈向共识。

你知道吗？

- 通过投票，你让每个人都参与到某种形式的创造中。
- 当有操着不同语言的人来参会时，这种方法显得尤其有效、直观。

具体活动

1. 事先准备好材料：票点（如果你决定用多种颜色，那就准备好多种颜色的票点，参见步骤3）、记录着不同想法的白板纸、盛放票点的容器。
2. 提前准备好想让团队投票评估的项目清单（列在白板纸上）。

3. 明确团队成员是只投一票还是投多个不同权重的票（例如：蓝色票点代表 3，红色票点代表 2，绿色票点代表 1）。

4. 简单说明团队到目前为止的工作进展，强调一下投票所针对的问题。

5. 发给大家票点。

6. 邀请每个人上前将票点贴在他们所选的（写在白板纸上的）选项上。

7. 提醒大家，如果他们对某些选项很有感觉，可以针对一个选项贴一个、两个或三个票点。

8. 提出几个问题帮助团队回顾得到的结果：

（1）你注意到了什么？

（2）什么让你感到惊讶？

（3）让你感兴趣的是什么？

（4）面对当前的问题，这个结果展现了大家怎样的思考？

（5）这个结果意味着什么？

（6）接下来的一步将是什么？

应用提示

• 你可以在会议上用这种方法了解大型团队对某件事情的看法。

• 如果出席会议的人数超过 60 人，你需要准备两份清单并把它们放在不同的地方，这样大家投票时就能避免人多拥挤。

• 如果要在上述大团队中使用这种方法，那每人投一票就够了。

• 切记要统计票数，这样稍后或下次开会时就可以给大家发一份整理后的报告了。

实践案例

芝加哥当地学校理事会的一个委员会向学校理事会和其他参加理事会会议的人提出了多项建议。校长和委员会主席分别对相关问题和委员提出的建议做了简要说明。之后，引导者回顾了这些建议，并告诉大家投票的要求。

"这里有三种不同颜色的票点。蓝色票点代表 3 分，红色票点代表 2 分，绿色票点代表 1 分。可以在清单的任何项目上投票，也可以为一个选项贴多个票点。"

投票时现场气氛很活跃。40 多人大约用了 5 分钟就完成了投票。然后，引导者问大家："关于大家对这些问题的想法，投票结果说明了什么?"人们很容易看出大多数票投向了哪里，以及哪些选项的得票比较少，也就很难再去争论团队的整体观点了。

22. 语言

员工希望得到尊重。最有价值的员工不应该仅是指令的接受者，他们认为自己同主管一样聪明，并且希望自己的聪明才智得到认可。

——Spencer，1989

方法说明

语言可以使人欣然接受参与邀请，也可以使人拒绝参与其中。某些词和语句实际上能增强参与的氛围。领导者不仅可以通过提问而非宣告的方式来促进参与（参见活动 24：提问而非宣告），还可以通过遣词造句和变换说话的方式来促进参与。

语言有着非常强大的功能，它也是我们的第二天性。我们不容易体会到自己的语言对周围的人会产生什么影响，特别是当我们处在领导者的位置时，我们未必总能得到对自己说过的话及其影响的真实反馈。

你知道吗?

- 语言既可以邀请和唤醒人们，也可以将人们"拒之门外"。
- 语言既包括说的内容也包括说的语气和方式，每一部分都能让人们要么变得封闭要么踊跃参与。
- 有些人真会提前打草稿来管理自己讲话的内容和方式。

具体活动

下表中的"无益"栏是可能阻碍人们参与或让人们在发表意见前感到犹豫的例子，"有益"栏则是同样意思的另一种表述方式。

无益	有益
你这个想法有点奇怪。	你能为我们澄清一下这个想法吗？请多说一点。
我们去年一整年都在忙着解决这件事情。	你对这件事还有哪些不清楚的地方？
我不明白你说的这一点与现在这个问题有什么关系。	请帮我澄清一下你所说的与这个问题的关系。
我们应该增加后勤工作人员吗？	我们可以做些什么来解决后勤工作面临的问题？
我们应该削减关于原料的预算吗？	我们可以采取哪些措施来解决目前资金紧缩的问题？
你怎么看我所列出的那些新员工的标准？	我们期待新员工能够展现出哪些能力？
你刚才的发言漏掉了某些东西。	我喜欢你发言中关于成本削减步骤的想法。

注意："有益"一栏中很多表达是提问，因为好的提问通常比一般性陈述更容易鼓励人们参与。

应用提示

• 如果你足够有勇气，可以在开会时给自己录音。回放录音时，先听一听那些偶尔引起人们回应的话，再听一听那些带来沉默的话，试着找出有所不同的原因。也许是恰巧发生这种情况，也许是与你说话的内容或方式有关。请注意：你的语调是在邀请人们参与吗？

• 如果你做领导者的时间很长了，那么你现在所做的或所说的都会显得理所当然。你可以试着为下次会议打个草稿，准确地写下你要说的内容，注意你的提问，如果要发布指令，请注意你的发布方式。

• 问问自己：你是真诚地邀请大家参与，还是想让大家同意你已经做出的决定？

实践案例

在为期一周的规划会议上，引导者每天要与不同的小组工作。在与某个小组工作时，他注意到领导者每次发言时，要么是确认某人刚才说过的内容，要么是提出一个积极的、令人鼓舞的建议，例如"我们做这次活动的同时可以尝试做到这一点"或"用这种方式调整我们的日程安排应该是可行的"。

第二天，引导者来到另一个小组，这位管理者不时地把引导者叫到一旁询问："这些人是怎么搞的？他们为什么不考虑一下 X？为什么想不到 Y？"引导者建议他换一种有利于向团队授权的方式介绍他的关注点，比如向大家提问"你们是否考虑过 X？"或者"在什么时候，Y 会更适合我们的计划？"。

23. 电视新闻报道

参与可能是激发承诺最靠谱的方法。参与规划和决策能为人们带来拥有感，这种感觉又能反过来激发人们表现得更为出色。

——Spencer，1989

为给团队带来完成任务的成就感，弥合团队成员间的差距，提升团队成员参与的积极性，我通常会让大家选择项目计划中的某个活动，想象它已经被成功地完成了，然后编一则特别报道此事的短新闻（3 分钟）。等团队展示完毕后，我会提几个回顾性的问题，帮助大家思考刚刚发生的事情。

同时运用左右脑的自发性创造力能唤起人们在常规会议上无法展现的独特技能与才干。（左脑被认为更加偏向逻辑性与理性，右脑则更加富有创造性与直觉性。）在小组展示时，每位参与者的创造力和才干都会得到大家极大的欣赏。这个活动为欣赏他人的观点和充分参与交流提供了机会。由于能建立起人与人之间的连接，它也是后续建立团队共识的好工具。

你知道吗？

- 提供展现创造力的机会不仅能引发参与，还能提供连接与凝聚的机会。
- 对成功的想象能让人们对完成项目充满信心和干劲。
- 做这个活动时，其他人会像你一样为此感到兴奋。

具体活动

1. 沿用已有的团队分组。

2. 当团队规划好来年的活动后，让每个小组选择其中一项活动或一件事情。

3. 建议他们创作一则 3 分钟的电视新闻，报道这件事将取得的进展或成果。

4. 给每个组 10 分钟用于创作新闻报道。

5. 让每个小组展示。

6. 认可并感谢每个小组的展示。

7. 留出一些时间问一两个回顾性的问题：

（1）在创作新闻报道的过程中有哪些事情发生？

（2）你们小组刚才是如何一起工作的？

（3）你从中学到了什么？

应用提示

●你需要准备一些有助于激发创意的物料供人们当道具，比如彩纸、剪刀、胶水、卡片纸和马克笔等。

●这个方法有很多好处。首先，它用戏剧化的方式展现了事情的发生与发展，这能间接地告诉团队，只有重要的事件和显著的小成就才能给大家带来快乐和鼓舞，那些旷日持久的会议、年复一年毫无尽头的项目，都不可能做到这一点。

●这一方法的另一个好处就是打破团队成员之间的障碍。当看到同伴创作的新闻报道时，团队成员会以全新的眼光来看待彼此。

实践案例

在为商界人士与当地教育工作者主持会议时，我决定在他们召开正式规划会议前安排一次"电视新闻报道"活动。他们确定了几项令人激动的重要事件。每个小组里都有教师代表和来自企业的代表。

各个小组展示得非常幽默和生动，让人感觉似乎大家笃定那些重要的事件已经被大家创造出来了。人们的创造力简直爆棚了，有人从酒店找来拖把当麦克风，还有些人尽管演技有些蹩脚，但也纷纷登场。

在回顾对话中，我问大家发生了什么。许多企业代表谈道："我真没想到老师这么专业，他们真是太懂教学了!" 同样，教师代表则说："我们确实没料到企业界的朋友如此关心我们的社区与孩子的未来。" 看，障碍就这样在很短的时间里被化解了。

24. 提问而非宣告

很显然，大多数组织成员都希望尽可能充分和富有成效地参与，然而有些事情会阻止这种情况的出现。

——Blake，Mouton，Allen，1987

开放式提问对于促进团队的全然参与是至关重要的。真正让人们如实作答的提问是启动参与的前提之一。提问时不同的措辞会带来不同的效果。比如，"你怎么看待这份提案？"就不像"关于这个问题，你有哪些可行的解决方案？"这样有帮助。卓有成效的管理者会在设计精准和吸引人的问题上下功夫，而不是担心问题的答案。

尽管许多会议需要用来听取不同团队的汇报，并且领导者需要对这些汇报提出建议或意见，但总还是有一些会议要用来讨论问题并提出解决方案。后者才是能从真正的参与中受益的情形。也正是在这种情形下，提出"对"的问题至关重要。好的提问决定了人们的关注点，而且这种提问在表述上不会暗示所谓"对"的答案。

你知道吗？

- 不管你喜不喜欢，现在很少有人希望自己经常被告知要做什么。
- 提问是向人们发出邀请，宣告则让人们丧失兴趣。
- 提问意味着你需要别人的帮助。
- 提问会传达"你并不知道全部答案"的真相。

具体活动

1. 写下有关下次会议的所有问题和关注点。
2. 对这些内容进行排序，只选择那些在本次会上必须要处理的问题。

3. 作为引导者，你要能够辨别出哪些事情真正是需要在会上去做的。

4. 弄清楚真正的问题和期待获得的会议产出，有助于你解决好这个问题。

5. 用此想法来设计能真正获得团队答案的开放式提问。

6. 想清楚你要如何让人们给出答案。这是一次非正式对话？还是需要列一份头脑风暴清单？还是要用本书"活动7：卡片头脑风暴"做一次完整的工作坊？使用卡片头脑风暴的好处是可以对卡片进行分类，以便看出答案中的共性问题。

7. 最后，留点儿时间用1—2个问题做个回顾：

（1）刚才的过程，对你的帮助是什么？

（2）我们还有哪些问题没有解决？

（3）我们下一步要采取的措施是什么？

应用提示

• 进行头脑风暴时，你的任务是鼓励和肯定大家。记住，每个答案都有其优点并有助于找到最终的解决方案。作为引导者，你要有随时从答案中帮助团队发现"礼物"的想象力。

• 毋庸置疑，在讨论时也并非每个答案都是非常有价值的。为了鼓励人们思考，对参与者进行持续的肯定是很重要的。持续发掘团队的智慧，而不是消极地否定其看似荒诞的想法。你可以这样回应参与者，"嗨，约翰，关于……，请你多说一点"，这可能会让其有机会说出更多潜在的好点子。

• 如果有些回答听起来不切题，那可能是因为团队不清楚你提问的意图。出现这种情况时，你可以温和地再问一遍，或是重新措辞后再问，这样通常就能得到切题的回答。

　　"宣告"栏是一些妨碍参与的例子，"提问"栏是一些引发对话和创造性思考的问题。

宣告	提问
告诉我你在多大程度上喜欢我做的这个计划。	对我们来说，有用的计划需要包含哪些要素？
这就是我想让你完成这个项目的方法。	这是我们要去完成的项目，你有什么方法？
我们一直用这种方式做事。	谁还有更有效的方法？
你必须想办法削减成本。	你能想到哪些削减成本的方法？

25. 旋转木马

包容性的解决方案是明智的，因为这些智慧源自对每个人的观点与需求的整合。

——Kaner，1996

旋转木马是挖掘团队中每个人智慧的一种方式。使用旋转木马可以激发很多想法与可能性，之后可以对这些想法和可行性进行优化，最终找到实际可行的方案。

● 一个人的想法常会引发其他想法，但如果没有第一个想法，就不会有更多的想法出现。

● 不同的问题会困扰不同的人。旋转木马能用好整个团队的思想与智慧，并表明每种场景都会有解决方案。

1. 澄清议题或团队关注的各个方面，这一步可以通过头脑风暴列出清单或通过卡片头脑风暴（活动7）获得。

2. 一旦确定了问题的各个方面，就把问题的每一个方面分别写到一张白板纸上。

3. 在屋内的四周张贴好白板纸。

4. 为每个问题分配3—4个人，让大家聚在白板纸前。

5. 要求每个小组针对特定的问题进行头脑风暴，并在纸上写下解决方案。

6. 3—5分钟后，让每个小组顺时针移动到下一张白板纸前。再给小组 3—4 分钟来对新的问题进行头脑风暴，并写下他们的想法。

7. 接着，再次让小组移动到下一张白板纸前。给剩下的每一轮头脑风暴预留 3—4 分钟时间。

8. 小组回到最初的写有问题的白板纸前，让小组成员阅读各自的问题建议清单。

9. 请每个小组讨论出 3—4 个能够解决本组问题的建议。

10. 让各小组做汇报。

11. 记录汇报的内容。

12. 带领大家进行回顾和反思。

应用提示

● 如果需要区分出不同轮次头脑风暴的内容，可让每个小组使用不同颜色的马克笔。

● 重要的是要将得到的某些建议付诸实践，不然团队就不再相信这样的参与过程了。

实践案例

某所中学有大量有特殊需求的学生。虽然很多教师接受过特殊教育的培训，但他们对此还是有些不知所措。教师头脑风暴了一些阻碍其教学的问题，然后将这些问题分为 7 个类别。团队随后也分成了 7 个小组，每个小组选了一类问题，写了一段话来说明问题的当前状况。再开会时，人们在会议室四周张贴了 7 张白板纸，每张白板纸上有一类之前生成的问题。每个小组选了一张白板纸，然后组内头脑风暴解决问题的方法。3—4 分钟后，各小组顺时针转到下一张白板纸前。经过几轮头脑风暴之后，大家回到了最初的白板纸前。每个小组派了一位代表向大家读出纸上的解决方案。所有的内容都被记录下来并发给了每一位教师。最终，每一位教师都有 7—10 个解决不同类别问题的实用点子。

第 5 章

组织会议焦点：中级策略

本章导语

　　许多会议都是因为组织者没能提前做好准备或没有做好会前功课而开得无效且耗时。如果要开 1 个小时的会议，那就需要用 1 个小时的工夫来准备。有时候，人们会在 1 个小时的会议中插入 5 个小时的内容。这让会议从一开始就注定失败。相反，有时我们期望会议能自行发展下去，因此什么准备都不做。明确会议焦点意味着清晰地知道会上要完成的确切工作，也就是说，知道要在计划的时间内得到哪些明确的产出。

　　除非你很清楚要在会上做什么，否则是无法知道用什么样的参与式流程的。很多没有焦点的会议滥用参与式流程，其结果就是给"参与"带来了坏名声。

　　出现这种情况后，对团队合作有效性的不信任就会增加，对共识的信任也会降低。之后，领导者不得不采取过往的经验做决策和推进工作。组织者因此会责备团队，但事实上，真正的问题出在糟糕的会议组织上。能够指明会议成果和明确实现成果的会议焦点，比让人们意识到去创造一个让共识自发形成的氛围更关键。

　　如果会议议程过于烦冗，那就把团队分成几个小组，让各个小组分别为团队提出相关议项的建议。采用小组讨论能节省整个团队的时间，因为每个小组只有 2—3 人，讨论效率会提高，也能节省整个团队讨论出具体建议的时间。

　　本章活动能帮助作为领导者的你更有效地开会。

26. 具体产出

管理者要叩击每位员工的心弦并将其独特的才干释放到工作表现中。

——Buckingham，Coffman，1999

方法说明

会议组织者需要事先决定某场会议要得到哪些具体的产出。产出可以是关于当前问题的一项重大决策，与重大决策有关的一份选项清单，对当前工作进展的更新，也可以是对某个有争议事项的回应，等等。组织者要想清楚团队想在给定的时间里做出什么。这个活动的目的在于让你意识到，每次会议至少要找出一项能让团队当作会议目标的具体产出。没有具体产出的会议将令参会者士气低落；同样，有 10 个重要目标的会议也会让参会者疲惫不堪。

糟糕的会议不会平白无故地发生，它往往是由于会议设计者忽略了某些关键的原则。仅仅创建参与的过程并不能履行你作为会议组织者或设计者的职责。准确判断要从会议中得到什么，以及找到有助于团队达成这些目标的参与过程，需要会议组织者或设计者具备出色的领导技能。

你知道吗？

- 两次简短而有序的会议可能比一次冗长的会议更有效。
- 假如你的团队有 8 个人，那么开 1 小时的会议，实际上就是用掉了 8 人·时的资源。
- 没有任何具体产出的会议将让人抓狂。

具体活动

这个活动需要你自己在会前来完成。

1. 列出所有能想到的事项。

2. 会前询问团队关心的事项或可能提出的事项。

3. 通过问自己下列问题来筛选这些事项：

 （1）本次会上必须要完成的是哪一项？

 （2）小组需要提前做哪些准备才能让会上的讨论更有效？

 （3）若将某项内容列入议程，那团队对它的期待是什么？

 （4）这是需要让某个小组提前讨论并在下次开会时带来建议的事项吗？

 （5）这是我们团队的事情吗？

4. 如果某个问题过于复杂，那本次会上可以务实解决的是哪一部分？

5. 将这些事项分为快速项、主要项和次要项。

6. 把2—3个快速项放在议程前面，在会议初期快速做出决策，这样能起到鼓舞团队的作用。

7. 在团队精力还很充沛的时候讨论主要项，把握好时间和节奏非常重要。

8. 由于团队已经处理完最难的事项，因此用次要项来结束会议是可行的。

应用提示

 • 这里的技巧是确定会议中实际要发生什么。有些事项可以放在会议之外进行，还有一些事项需要在开会前做足准备。

 • 确切知道每个次要项和主要项的具体产出是同样重要的。

 • 大多数会议会被限定在一项主要的具体产出上。如果团队不得不一个接一个地解决棘手的问题，那样开会将非常低效。此外，如果整个团队必须从头到尾讨论所有内容，而不是让人们会前在小组里讨论大部分内容的话，也会非常低效。

 • 留意会议的动态很重要。如果没能达成决议，是不是因为还需要某些信息？或人们已经疲惫不堪了？还有别的时间能用来做最后的决策吗？是到了该告诉大家已经解决了哪些问题，以此来协助大家迈向最终解决方案的时候了吗？是否已做过足够的讨论？可以让2—3人在一旁用

10—15 分钟完善建议，而整个团队先去处理次要项吗？作为引导者，你有很多推进会议的可选项。

● 关于开会最让人沮丧的就是浪费时间。人们经常发牢骚："我们花了这么多时间，可是什么都没得到。"通常，人们不是吝惜时间，而是吝惜时间被浪费掉。

实践案例

以下是一个可以归为三类会议事项的例子。

快速项	主要项	次要项
汇报上周工作	决定重要的政策	更新项目进度表
更新信息	制订一份 6 个月的计划	调整任务职责
汇报公司政策的变化	修订重要的预算	选择项目日期

27. 时间流程表

传统观点认为，效能源自强有力的领导者、清晰的使命和技术过硬的下属。但团队要实现协同还涉及很多内容，问题的关键是组织的各个部分之间如何共同行动，也即参与。

——Blake，Mouton，Allen，1987

方法说明

时间流程表是一张简单的会议安排表。建议引导者会前用简单的视觉元素来规划会议流程，在会议开始之初把它呈现给大家。

许多管理者（会议主持人）经常会准备一份议事清单并提前发给参会者。这很有帮助，因为它明确了会上要做什么。然而，议事清单通常没有优先顺序，也不能表明实际的时间安排。

一个安排了20项议程而只预备了90分钟的会议，会让人立马觉得还是不要对它抱有太多期待或幻想，参会者的士气会陡然下降。人们需要相信在规定的时间内能够完成这些议程。时间流程表可以表明议程和目标是能够实现的。

你知道吗？

• 由于人们会对会议时间和日程安排感到紧张，所以当看到清晰的时间流程表时，大家的焦虑感就会有所下降。

• 有些人觉得时间比金钱还要宝贵。

• 因为每个人都有相同多的时间（每周168小时），所以我们面临的唯一挑战就是如何最大化地用好时间。

具体活动

1. 写下会上要做的所有事情。

2. 从头到尾做一份初始的会议流程（参见活动26：具体产出）。

3. 沿时间线安排会议内容，这样就能看出每一项的次序和分配的时间。

4. 检查一下流程的可行性。

5. 下次开会时，做一份会议时间流程表（见下表）并把它展示给参会者。

会议流程		
开场介绍		
2分钟		
快速项	主要项	次要项
10分钟	30分钟	16分钟
结尾		
2分钟		

应用提示

● 尽量算好每项议程所需要的时间。这能帮你创建一份比较现实的时间流程表。

● 我会用小型便笺纸安排会上要讨论的内容。有需要时，我会在桌面上用便笺纸重新编排顺序，直到找出让我有感觉的会议流程。

● 如果10个人的团队只有4个人按时到场，这通常是很难准时开会的。如果真的只有40%的人到场，你会怎么做？虽然有时可以等待，但等待就意味着告诉那40%的人，下次他们也可以晚点来，这样就会形成越来越晚的参会风气。在设计会议日程时，我通常会在会议开始时做一次对话或一个小活动来铺垫背景，这一环节往往是一些轻松或对整体而言不太重要的内容。这样能确保我准时开始并能等候晚到一会儿的人。

实践案例

一位管理者曾负责为某个重大项目的成员进行复杂的财务程序培训。他的培训/会议流程如下表所示。

培训（会议）流程		
开场介绍 当前的项目进展——了解项目全局 2 分钟		
快速项	主要项	次要项
• 回顾和优化上次会议的主要产出	• 后续的财务程序培训	• 确定部门会上要汇报的内容 • 重新布置次要任务
12 分钟	25 分钟	15 分钟
结尾 回顾：今天会上对你有帮助的是什么？ 3 分钟		

28. 会场

无论是有效还是无效地利用场地空间，都能给参与者的状态和团队聚焦问题的能力带来微妙而强大的影响。

——Spencer，1989

方法说明

会场的物理布局远比我们通常对它的认识重要。桌椅摆放会向参会者传递出很多信息。事先了解会场的样子很重要，这样你就能通过会场布置来增进团队的参与性。

在某些会场，例如大多数教育委员会或城镇议会的会议室，董事会或理事会的成员总是坐在凸起的讲台上，把自己和公众分割开来。他们前面还放些桌子，而参会者前面是没有桌子的。这样的布局说明，只有董事或理事们才会为决策带来重要影响。剧院式的会场布置能让每个人都面对讲台或舞台，但这样的布局也表明，所有的行动和决策都将在高于团队的某个层面上做出。摆满桌椅的房间意味着所有人都仅仅是"参与者"而已。

虽然会场通常都需要一个焦点位置（比如会议室前方的墙面），但它也需要通过某种方式实现互动。既要有焦点又要有互动，的确会有些棘手。

你知道吗？

• 整洁的桌椅摆放能说明会议是有计划的。

• 如果桌子周围有太多的椅子则会压抑人们的情绪，因为那意味着你想要更多的人参与进来。

在会场布置时，请参考以下内容。

1. 确定会议的最佳工作区（放置白板纸或 A5 卡片的地方）。

2. 摆放桌子，让坐在两边的人都能看到前面。如果参会者不需要在单独的小组中待很长时间，也可以把桌子连起来，如下图所示。

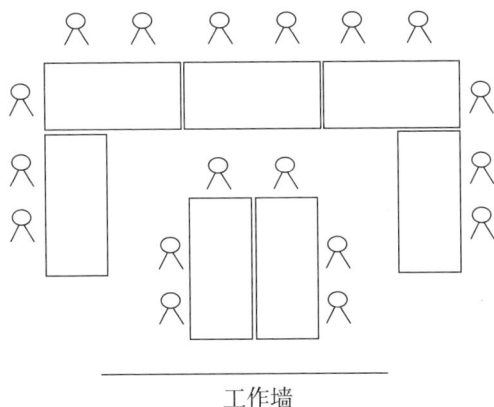

工作墙

3. 如果你打算让团队在小组里长时间地工作，那就把桌椅摆放成独立的小组形式，如下图所示。

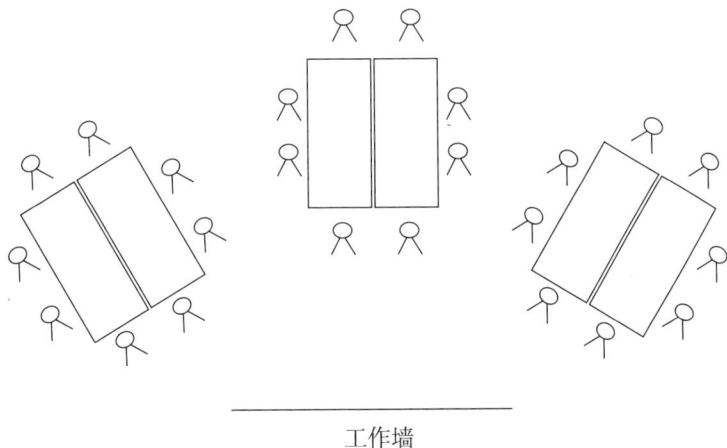

工作墙

• 如果你在空间上不是非常有天赋，一定要提前到场并检查会场。很多时候，即便是很小的一点布置都能让会场氛围显得有所不同。

● 我经常发现很多人会把会场布置成朝前的样子，但在房间侧面墙壁上创造出讨论的焦点位置也会让更多的人拥有靠近工作区的机会。

● 由于讨论的焦点在墙面上，所以第一组的桌子距离墙壁要大于1.5米。

● 注意听取同事的建议，他可能会比你更快地想到要如何布置会场。

实践案例

引导者要在学校的审议会上开一整天的工作坊，只有剧院式的场地（没有桌子）。没有任何一间教室能容纳所有的参会者。最后，团队决定使用自助餐厅。这里的桌子专门为用餐而设计，上面还连着长板凳。自助餐厅里有一面墙正好是空着的，可作为工作区的墙面。最终，会场的布置很完美，引导者很容易通过摆放桌子来让每个人坐在桌旁就能看到工作区的墙面。

29. 物料

最有效的会议能带来有意义且具体可见的产出。一份记录着团队决定或计划的产出能提醒参与者团队的共识是什么，并能为今后的行动与过程评估带来参考。

——Spencer，1989

方法说明

因为我们想要创造真实的会议产出，所以会上就需要准备些实实在在的物料。事先准备好必要的材料能进一步说明你在很认真地对待参会者的时间和参与。把所有物料放在手头能让会议进展顺利。准备好足量的各种物料有利于你的会议朝向目标迈进。

当所需物料都放在手边时，人们会觉得自己得到了关注和关心。这说明在你看来会议是很重要的。这也是一种支持共识氛围的方式。

你知道吗？

- 简单、充足的物料能提高会议效率，增强团队的信心。
- 即便是成年人，人们也喜欢用不同颜色的水彩笔。
- 在团队会议上创造一份具体的产出能给团队成员带来成就感。

具体活动

这又是一个需要你在会前考虑好的活动，它能让你的会议保持聚焦。

1. 提前看一下会议流程。
2. 列出会上每个环节所需要的物料。
3. 把物料放在靠近你站着或坐着的位置。
4. 会后把物料保存在便于你在后续会议中可继续使用的地方。

● 有些引导者喜欢把物料放在一个经常携带到会场的工具箱里。

● 考虑一下会议流程的各个环节至关重要，因为会议的不同环节通常需要不同的物料。事实上，在不同环节中采用不同的方法对会议流程很有帮助。

● 头脑风暴可能需要白板纸、马克笔和美纹纸胶带。完整的共识工作坊需要 A5 卡片、马克笔和美纹纸胶带。决策时可能需要白板纸、马克笔和美纹纸胶带。如果能用上不同颜色的马克笔，很多活动就会更有趣。有些活动还会使用一些特殊的表格来记录产出。

实践案例

物料清单示例	
白板纸	带白板纸的海报架
美纹纸胶带	各种颜色的马克笔
A5 卡片	草稿纸（再生纸）
便利贴	文件夹
剪刀	订书机和订书钉
尺子	修正液
便笺纸	签字笔和铅笔

在你设计会议时，可以在时间流程表里加上物料。以下是增加了物料说明后的时间流程表。

培训会议流程		
开场介绍 当前的项目进展——了解项目全局 2分钟		
	快速项	主要项	次要项

	快速项	主要项	次要项
日程	●回顾和优化上次会议的主要产出 12分钟	●后续的财务程序培训 25分钟	●确定部门会上要汇报的内容 ●重新布置次要任务 15分钟
物料	录入并打印好的产出文件（每人一份）	白板纸、马克笔、美纹纸胶带、练习案例	A5卡片、马克笔、美纹纸胶带、任务分工表

结尾
回顾：今天会上对你有帮助的是什么？
3分钟

30. 会议计划表

> 领导者有责任游刃有余地推进工作流程，并且这种对工作的推进是以一种能够响应每一位员工需求的方式展开的。
>
> ——Nelson，Burns（in Adams，1984）

方法说明

我每一次设计会议时，几乎都会用一张简单的会议计划表来组织想法和考虑如何让会议进行得更流畅。这张表是一份指南，而非严格的规定。会议计划表是一个能将你的注意力集中在当前会议上的工具。知道自己要填写一份会议计划表能让你专注于会议。另外，因为有些会议可能非常复杂，所以手头有份计划表能让会议保持聚焦。

我发现书面的会议计划表能帮我在会上灵活应变。一旦安排好主要行动或产出，我就可以根据需要灵活地取消某些活动或把某些活动放到后续的会议中。如果未经事前排序和计划，那么压缩、放弃或推迟某些内容的难度就显得非常大。

你知道吗？

- 一个小时的会议可能需要你花上一个多小时来精心准备。
- 提前花时间规划会议与会后花时间思考会议中的哪些环节进展得顺利以及要如何改善同样有价值。
- 打印出来的议程就像是一份会议的路线图，要让它简单易用。

具体活动

1. 写下所有会议上要讨论的议项。
2. 使用会议计划表，将议项排放在恰当的位置上。
3. 会议计划表中要有理性目标和体验目的。理性目标是指开会时你要完成的最重要的事情，或你希望人们在会议结束时能够知道的内容。体验目的是指你希望人们在会议结束时获得的体验或感受。这些是制订会议内容的重要指导原则。

4. 提一两个回顾性问题，带大家做总结，目的是让团队从会议中"跳出来"，共同思考刚才所发生的事情——讨论的内容或使用过的方法。随着开放度的增加，这是一个获得团队成员对参会体验做出反馈的好机会。以下是一些可选的回顾性问题。

（1）这次会议对你来说重要的是什么？
（2）你喜欢我们做过的哪些事情？
（3）你不喜欢什么？为什么？
（4）对于接下来要如何推进，你有什么建议？
（5）什么方法看起来对我们是有效的？
（6）什么方法看起来是不适合我们的？
（7）你认为我们还应该尝试哪些技术或方法？

应用提示

• 正如前面提到的那样，我经常用小型便笺纸来记录会议内容。然后，我会把便笺纸放到会议计划表的相应位置，这样便于轻松地布局或重排。等达到我的期待后，我再来填写会议计划表。

• 有时我会用铅笔填写计划表，这样便于修改或增添内容。

• 另外，我发现至少提前一天做好会议计划表是非常必要的。很多时候，在会议当天的早晨醒来时，我会突然想到某个点，这些想法可以帮助我优化前一天做好的会议计划。

实践案例

请注意：这张表相比活动 27 和活动 29 的表格要更详细一些、更复杂一些。

会议计划表		
介绍	理性目标	体验目的
提醒人们，为什么这次邀请社区成员共同参与的讨论会很重要。	让团队提出一个社区讨论会的计划，以及时间和日期的安排。	团队成员对成功地召开这次会议充满信心。

目的	日程			回顾
	快速项	主要项	次要项	
快速对话： •我们希望这次会议具有哪些特征？	•需要谁参加本次会议？ •要在哪里举行？ •何时举行？	•会议要安排哪些重要内容？ •澄清大家的共识要点。 •为各议项分配时间、编排流程。	•谁来主持会议？ •要准备好这次会议需要完成哪些事情？	提一两个问题： •在刚才的讨论中，什么地方进展得比较顺利？ •我们在哪里有些纠结？ •我们在哪里表现得像一个真正的团队？
物料	白板纸 美纹纸胶带 马克笔	A5卡片 马克笔 白板纸 美纹纸胶带	白板纸 美纹纸胶带 马克笔	

结尾
确定下次会议的日期和具体时间。

第 6 章

测试团队的一致性：高级策略

本章导语

测试团队的一致性是指使用参与式方法和流程来辨别团队当前的共识状态。这也意味着要不断地向团队澄清，到目前为止大家已经同意过哪些事情。这个阶段的挑战在于它并非仅用投票来看多数人是否同意某件事情。测试团队的一致性是要澄清整个团队对给定议题的哪些部分已经达成了一致，对哪些内容尚未达成一致。

我在做引导时尽量避免让团队投票。在团队形成的初期，投票可能在所难免。然而，除了像去哪儿吃午饭这样的决定之外，我尽量避免让大家投票，因为投票会把团队分成两大阵营。投票会揭示出团队的不同意见而并非加强或澄清的他们一致性。相反，你可以在每个环节提出整个团队能够认同的选项和解决方案。揭示团队一致性的方法是共识建立过程的核心。

测试团队的一致性是最具挑战的参与领域之一，因为它对引导者的要求很高并且非常依赖引导者的直觉——团队能否向前迈进，还是要再花些时间去解决问题？因为这类参与总是非常依赖引导者的判断，所以在其带领团队参与过程的同时做到这一点是很难的。因此，引导者需要有较高的技能来向团队揭示其当前的思考、选择和共识水平。

31. 共识的标准

为让团队整体达成可持续的一致性，成员们要理解和接受彼此需求与目标的合理性。

——Kaner，1996

方法说明

这一方法对那些没有太多共识经验的团队特别有用。这一方法要求，在团队开始做大量具体工作来做某项决策之前，不管最终做出怎样的决策，都要先考虑一下决策应满足的关键要素。换句话说，要提前确定解决方案应该满足的原则或标准。

你知道吗？

- 就这些原则或标准达成一致能为建立共识铺平道路。
- 这一方法非常有助于将人们推向未来并为后续的对话提供支持。

具体活动

1. 将团队分为二人或三人的小组。
2. 让团队成员先个人思考团队要做出的决策应该遵守哪些原则或标准。
3. 让大家在二人或三人小组内分享。
4. 让每个二人或三人小组各分享一条原则。
5. 根据需要在记录的清单中补充没有谈到的原则。
6. 对清单进行打磨、合并或删除。
7. 记录原则或标准并在团队会议的全程展示。

- 你可以把这些原则或标准分为两类，一类是必须满足的底线原则，另一类是能够带来更多好处的理想原则。

- 除了在上述"活动"步骤中看到的工作坊形式之外，这个活动还可以做成非正式的对话，因为这样做起来更轻松，能降低人们的不安全感从而有利于达成共识。

- 活动中的每个对话点都能揭示出很多信息——不仅是那些团队成员已经说出来的，还有那些团队成员没有说出来的。

实践案例

学校与社区代表委员会负责为学校过度拥挤的问题寻找解决方案。引导者很早就与团队一起制订了他们做出任何决策的原则或标准。制订这些原则或标准实际上是委员会的首次共识会议。团队在后面一直沿用这些原则或标准，这为后来的引导过程提供了很好的帮助。

32. 工作坊流程

后工业时代的技术变得如此复杂，以至于管理者不可能知道所有的答案。

——Spencer，1989

方法说明

当你旨在收集团队的想法并帮助团队看到自己的想法和共同点时，下面五个步骤会非常有帮助：设定情境、收集想法、组织、澄清与回顾。这五个步骤能清楚地指引领导者和团队达成共识，并能把个人思考和小组的对话整合到整个过程中。

你知道吗？

- 让人们参与和利用参与本身都是一种高度结构化的过程。
- 对那些成长于个人主义环境的人们来说，共识不会自然而然地发生。
- 引导者要管理过程而不是控制内容。

具体活动

设定情境

1. 设定情境，告知人们本次工作坊的背景和目的。

2. 说明真正的问题（参见活动 19：提出真正的问题）或本次工作坊的焦点议题。

3. 告诉团队成员工作坊的主要步骤：设定情境、收集想法、组织、澄清和回顾。

收集想法

1. 给团队成员一些时间思考自己的答案。

2. 让团队成员在三人或四人小组里讨论他们各自的答案。

组织

1. 在白板纸或 A5 卡片上写出各组的想法（参见活动 3 和活动 7）。

2. 如果是像活动 3 那样在白板纸上列出想法，就让团队直接对这些想法进行分类。

3. 如果使用卡片，把卡片展示给团队成员，像活动 7 那样做归类和对卡片群组进行临时命名。

澄清

1. 回顾并打磨一下各群组的临时标题，使其能够代表该群组的共性。

2. 让大家想出 2—3 个形容词来清晰地描述这些标题。比如，"融资"会提示你这些想法指向的领域，"多元化和可靠的融资"则会更精准地告诉你团队想要的是什么。请记住，真正的团队共识发生在这一步。对这些标题的讨论便形成了真正的共识。

回顾

选择一两个问题向团队提问：

1. 内容回顾

（1）哪一组与你的日常工作最接近？

（2）哪一组让你感到兴奋和好奇？

（3）哪一组对组织的影响最大？

（4）我们得到了什么？

（5）我们今天所做的这些有什么意义？

2. 方法回顾

（1）你在哪里感到最投入？

（2）今天的什么方法或步骤对我们是有用的？

（3）你会怎样在其他场景中使用这些方法？

应用提示

- 切记先让团队成员做个人思考。
- 你可以询问团队成员要采取什么后续步骤或决定来深入挖掘已形

成的共识的深层含义。

• 作为讨论过程的带领者，你可能会禁不住想对某些答案发表自己的看法。毋庸置疑，你给的意见越少越好。在你寻求群组背后的一致性时，你对任何答案的价值判断都是多余的。

实践案例

很多人在观摩过几次这样的工作坊后，就可以直接在工作中使用这一方法了。例如，在为一家航空公司的空乘部门举办过一系列的工作坊后，两位高级管理者开始在全国各地使用这一方法为数千名乘务员开讨论会。他们反馈说，高质量的信息输入的确有助于他们后续的规划与政策的制定。五步流程对他们而言非常有效。

33. 三合一剧本

如今在那些想做事的组织中，员工被视作组织迎接变革挑战的最重要的资源。

——Spencer，1989

当团队清楚地理解了某个议题并着手提出解决方案时，可将其分成三个小组来创建构成解决方案的关键部分的不同剧本。让每个小组展示各自的剧本有助于团队找到制胜解决方案的要素。在编写剧本的过程中，团队也可能会发现解决方案中有些不合适或行不通的地方。最终，团队可以选取三个不同剧本中的要素来创建一个制胜的解决方案。

各小组的核心任务是从某种可能的解决方案中抽取出一些要素，将其整合到一份方案中。换句话说，每个小组要针对议题，按团队提前确定的标准，将可能的解决方案的脚本、主要情节编写出来。

你知道吗？

- 共识之旅始于对每一小步达成一致。
- 帮助人们看到多种可能性，实际上有助于他们看到真正想要努力的方向。
- 看到多种可能性有助于团队明确其所期望的解决方案的标准。

具体活动

1. 把团队分成三个小组。
2. 要求每个小组基于议题的限定情况讨论出一份解决方案。
3. 让小组在白板纸上写下他们各自的剧本。
4. 让每个小组展示各自的剧本，展示后给每个小组一些掌声鼓励。

5. 向小组提出一两个问题，帮他们回顾展示过的剧本：

   （1）这些剧本中的哪些地方吸引了你？

   （2）你对哪个剧本特别感兴趣？

   （3）你从这些剧本中看到什么关联或共同之处？

   （4）它们的主要区别体现在哪里？

   （5）每个剧本的不同意义体现在哪里？

   （6）你要如何描述或命名每一个剧本？

   （7）在你看过全部之后，有哪些可以作为最终解决方案的共性要素浮现了出来？

6. 将那些可能制胜的要素写到 A5 卡片或一张白板纸上。

7. 继续对这些要素进行讨论，直到找出创建制胜解决方案的点子和流程。

8. 建议把这份制胜解决方案放置一两天，以便团队有机会重新审视或打磨。

9. 回顾一下团队此时对这个制胜解决方案的感受。检查方案中是否有大的缺陷或漏洞。

10. 用一两个回顾性问题总结本次活动：

    （1）你注意到，我们作为团队在一起工作时发生了什么？

    （2）你对产出的哪些方面特别满意？

    （3）在刚才的过程中哪些步骤对我们特别有帮助？

    （4）你会在什么样情况下再次使用这一方法？

应用提示

• 如果能找到一些其他人的类似解决方案或额外信息是非常有帮助的。

• 刚开始的时候，或许有些小组对创建剧本感到不知所措。不过，让小组完整地体会一下这种不确定性，也有助于他们稍后能体验到突破的感觉。

• 如果可能，留些时间用于打磨创建出来的方案。即使是等上一天，也要让团队有机会优化一下方案、处理不一致意见和获得更多的认同。

很多时候，在人们自己还没有想明白或完全理解解决方案的全部影响力之前，他们会表现得很消极。

实践案例

学校的顾问小组试图为一个有关情绪方面的议题寻找解决方案。该小组已收到五个社区小组、一个教师小组、若干班级和学校理事会提供的信息。

顾问小组收集完数据又确定了所有可能方案的元素。然后，他们将这些作为"原料"（姑且就这样称呼吧）给到每个小组，每个小组选了不同部分并创建了各自的解决方案剧本。

在每个小组展示完他们的剧本后，顾问小组用源自不同剧本的要素制订了一份最终的解决方案。

34. 共同写作工作坊

当人们感到他们的想法能对组织产生实质影响时，被动的员工也会积极地投入到创造性的变革中。

——Spencer，1989

这一方法的目的是让人们以团队的方式来讨论和编写一份流畅、连续的完整文档。最终的产出通常会给团队留下全面和统一的印象。在经历过共同写作之后，很多人会意识到他们的团队比其想象的更有凝聚力。

这个活动的关键是将文档和团队按实际情况做合理的分配。例如，如果要将 15 个人的团队分成 5 个 3 人小组，那同样也要将文档分成 5 个部分。

你知道吗？

• 撰写团队的共识点有助于团队将达成一致的要点连接起来并夯实共识的基础。

• 一旦团队有了创造共识点的共同经历，那他们写的内容就会非常一致。

• 采用结构化格式撰写团体的共识点，能让团队更深入地了解其思想。

具体活动

1. 当团队经历了某个工作坊或收集到数据后，可以让他们开展共同写作。

2. 如果团队没有创建文档结构，可以先做一次工作坊来创建文档结构。通常我在带领团队创建过有意义的愿景（参见活动 17：有意义的愿景表）后，就会让团队根据愿景要素来共同撰写愿景宣言。

3. 向团队建议文档的格式，例如导语、定义、实例、深层含义和能概括意义或重要性的关键词。

4. 你也可以提前准备一份模板，让每个小组参考使用。

5. 按文档份数将团队分成等量的小组。

6. 给大家一些时间，可以用 20 分钟写一段文档，也可以用几天的时间写一篇文章。

7. 如果内容很短，写好后让各组分别朗读自己的部分。如果很长，就让各组朗读一小段。用某种恰当的方式来认可一下每个小组的贡献。

8. 朗读过后，提一两个问题帮大家"跳出来"反思听到的内容：

（1）你在大家共同创建的文档中注意到了什么？

（2）你欣赏其中的哪些词或语句？

（3）什么地方让你感到兴奋或惊讶？

（4）整体上看，这篇文档在传递什么信息？

（5）有了这篇文档，我们的下一步行动是什么？

应用提示

• 只有在团队共同经历过类似工作坊并为写作打好基础时，才能使用这个活动。否则，听起来像是让大家从冲突或反对的观点中去写作一样，太困难。

• 当团队一同开展过工作坊或有其他共同经历后，团队共同写作就会变得酣畅流利。

实践案例

一个小型城市议会委员会积累了一份 300 多页的关于在市中心开展重大修复工程的文档。委员会担心人们已经忘了开展这个工程项目的目的是什么。于是，引导者先带领大家做了一次"活动 17"那样的愿景工作坊，找出共同愿景的若干要素。然后，让团队分别就愿景的 8

个要素各自写了一小段总结。工作坊和写作时间总共用了不到两个小时。

在团队成员听到他们共同写出的总结时，他们感到非常惊讶。许多人说，直到那时他们才真正理解自己一直在做的工作。

35. 绘制共识之路

为团队计划做过贡献的人们会因此感到自豪。他们致力于计划的成功实现，并将自己视为落实计划的一部分。

——Spencer，1989

方法说明

有时候，团队并没有做好达成一致的准备。如果你还有一些时间并且可以安排后续的会议，就可以问大家"我们需要先解决什么问题才能达成一致？"或"什么是我们在达成一致前需要更清楚地了解的？"，然后可以让团队分组来处理不同的问题，并让大家知道，他们下次参会时要带来相关信息或有助于团队达成一致的示例。

当团队陷入泥潭时，达成一致的途径会变得模糊不清。引导者可借用团队自己的想法来找到团队自行达成一致的路径。

你知道吗？

- 冲突的解决方案就隐藏于团队内部。
- 团队中最接近冲突的人，就是知道如何达成一致的人。
- 能够看到达成一致的各个阶段会让共识变得更有可能实现。

具体活动

知道何时使用这一方法并不太容易。运用这一方法不是让团队逃避对共识的追求。但如果时间允许，在团队看起来明显处于僵局时，这个活动会非常有帮助。这个策略旨在帮助团队明确阻碍大家达成真正共识的因素。

1. 先帮助团队梳理出当前已达成一致的要点。
2. 让团队清晰地指出尚未解决的问题。

3. 如果有必要，先用卡片头脑风暴（参见活动7）或头脑风暴清单（参见活动3）确定达成共识前要解决的问题。也许只有几件事要做，如果有很多事要做，那就用卡片或清单来梳理、整合，找出3—5个较大的问题群组。

4. 把团队分成小组来处理这些问题，并让他们在下次开会时带回相关信息或有助于达成一致的示例。

5. 下次开会时让每个小组汇报对相关问题的处理情况。

6. 此时，团队会拥有达成共识所需要的必要信息或对相关信息有了进一步的明确认识。也许此时可以采用三合一剧本（参见活动33）来完成。

应用提示

● 使用这个方法时，控制好小组的规模非常重要，各小组要在回到整个团队前先达成某些共识。当团队陷入困境时，出于某些原因人们总是不愿意妥协和达成共识。本方法可以让团队成员先在小组中形成某些共识。

● 特别是对于那些已经运作一段时间的团队，当出现困境时，引导者要先"跳出来"，找出阻碍共识的真正原因。建立共识非常有赖于团队成员间的信任。对于引导者来说，你经常需要问自己，团队共识的障碍是内容的问题还是团体动力的问题，这一点很重要。这一方法为下一阶段信任的建立提供了可能。

实践案例

一家社会服务机构正在开会，其中有些成员认为机构应该实施一个项目，但是这个项目颇具争议，有可能引发邻里矛盾。随着会议的进行，团队明显并未就如何开展这一有争议的项目达成一致。事实上，随着成员讨论的深入，另一种替代性的实施策略开始浮现出来。然而，最初的几个人也并未准备放弃他们之前有争议的策略。

为达成一致，团队需要知道各选民会如何考虑他们的替代性的实施策略。一个小组被派去了解市议会可能支持哪项实施策略，第二个小组去查明机构客户更喜欢哪项实施策略，第三个小组负责和没有出席会议的成员进行确认。两个星期后，当团队再次聚在一起时，大家一致支持有较少争议的实施策略，这让大家就使用什么方式来继续推进该项目达成了共识。

36. 达成一致：说明与重申

有效的参与会带来许多想法和不同的立场，进而也需要一种合理的方法来处理这些浮现出来的差异。

——Blake，Mouton，Allen，1987

方法说明

时不时地说明到目前为止已经达成一致的要点对团队而言会很有帮助。这会让团队成员清晰地认识到他们一致否定的和已经一致同意的事情。此外，澄清团队尚未达成一致的事情是非常有必要的。提醒正在经历困境的团队已经取得哪些进展也是非常有必要的。由于经历困境的团队会同时察觉到自己的进步状况，因此，有关团队状况的说明总是可以揭示出他们正在取得的进展。

你知道吗？

- 提醒人们已经在哪些方面达成一致，能鼓励人们努力达成后续的共识。
- 明确地说明和重申团队目前处在哪个阶段，能够让团队聚焦到后续共识的达成。
- 说明和重申已经一致通过的要点会表明，作为领导者，你在密切关注着正在发生的一切。

具体活动

在建立共识的会议中，每隔几分钟就要向团队说明他们正处在达成共识的哪个阶段。

1. 如果团队讨论的是简单的议题，比如确定会议日程，那就重复一下已经达成一致的部分，并指出尚未解决的问题："到目前为止，我们就开场介绍、数据展示和互动问答等环节达成了一致。我们还不清楚的是，我们究竟想要在哪个问题上获得投入。关于这一点，你们现在是怎么考虑的？"

2. 如果你遇到的是比较困难的议题，比如削减 50 万美元的预算，我会有两种建议：

"到目前为止，我们已经决定通过取消新的采购来节省 10 万美元，以及通过降低每个人预算的百分比来节省 5 万美元。"

或者

"到目前为止，我们的决定并未触及员工的福利、补贴或工资。"

无论是哪种情况，我都会加上一句："在我们推进讨论的过程中，请大家牢记，我们已经为整个预算削减工作提出了六项原则或标准。"

我还会用白板纸记下团队已经做出的决定，例如削减 10 万美元和 5 万美元，以及最初为了帮助团队做好整个过程而制订的原则或标准。然后我会说："剩下的那 35 万美元需要从哪里省出来？"

应用提示

- 你会发现在这个活动中使用某些视觉和听觉方面的物料可能会很有帮助。
- 决策越是复杂，团队就越是需要被提醒，他们从哪里来以及要去往哪里。
- 你可能需要使用活动 35（绘制共识之路）中的某些环节来找到最终的解决方案。

实践案例

有一位引导者被邀请为团队主持一场工作坊，团队对于如何推进工作有两种截然不同的看法。引导者的第一步是向他们澄清了双方都在试图回答的问题，接下来帮助团队用视觉化的方式描述了两种力量的推进方向。通过不断地说明和重申团队已经达成一致的部分和依然存在分歧的部分，引导者至少帮助团队就共同的问题、两种不同的解决方案及其影响达成了共识。

这次会议证明了这样一个事实：其中一种解决方案在短期内可以节省很多资金，但另一种解决方案，无论如何都将是团队的最终目标。

　　引导者决定稍后再开一次会议来协商采取哪种解决方案。几天后，并没有召开第二次会议，因为他听说团队成员一致同意采取第二种解决方案，这令他十分惊讶。

37. 测试共识

通过共识做出决策比采用其他方式做出决策需要的时间更长，但是由于人们发自内心地认同所做的决策，所以通常在执行时会花更少的时间。

——Schwarz，2002

方法说明

这一方法要在给出提案并且各种需要澄清的问题都已得到解答后才能使用。这是一个判断团队是否达成真正共识的方法。

你知道吗？

• 预防"假共识"或"草率共识"至关重要。在"假共识"中，团队看似达成了共识，实际上有些人一直保持沉默，他们完全不同意这个决定，更不愿意去支持它。

• 在"草率共识"中，团队会迅速采取行动结束当前的讨论以继续往前推进。团队中有人会不同意并且也不会支持这个决定，因为他们的担忧和顾虑还没得到恰当的回应。

具体活动

1. 总结一下团队提出的建议或提案。

2. 澄清一下你的目的不是什么，即你不是在要求他们同意该提案是他们个人的最佳建议，也不是在要求他们同意这是他们的第一选择。

3. 接着，告诉大家你的目的是什么，即你想要询问他们该提案是否符合之前创建的原则或标准，你想要询问他们该提案是否能代表到目前为止团队做出的最佳思考，你想要询问大家是否可以接受并支持该提案。

4. 团队可能会立即达成一致，共识随即达成。

5. 团队也可能提出尚未解决的问题。一旦这些问题得以解决，团队便能达成一致，共识也即达成。

6. 有些时候，有些团队成员会认为该提案并未满足之前创建的原则。经过讨论或对提案修改后，若团队觉得提案已符合之前创建的原则，那么共识也就随即达成。

7. 还有些时候，团队无法达成一致，不能形成共识。

8. 对未能达成共识的情况，澄清主要的遗留问题是非常重要的。团队可能决定暂时什么都不做，团队也有可能让3—4位成员为下次会议重新起草一份提案。

9. 结束时重复一下标准，同时重申最终的提案要能解决最初需求的必要性。

应用提示

• 这一方法能让小组讨论得很激烈。说明与重申所有人的观点是非常重要的，这样能确保团队成员清楚每个人的想法。

• 有时候，仅仅是因为自己的某些见解被别人清楚地听到了，人们就愿意让步和接受不同的观点。

• 让谈话流动起来直到所有想法都被说明和听到是很重要的。

• 继续往前推进是很有诱惑力的，但对不同见解的欢迎会向团队传达出领导者愿意倾听每个成员的顾虑和建议的信号。

实践案例

一旦看上去人们达成了共识，好的引导者就会明确说出这一共识。或许要留几秒钟的沉默时间来让人们理解共识。有时会有人很快提出一些新的建议，好的引导者会将这些建议抛给团队来回应。团队通常会立即做出明确的回应，有时也会没人回应。在这种情况下，提议人会发现大家听到了但并不觉得有什么帮助。一段时间之后，好的引导者会询问大家共识是什么。如果没有人提出反对意见，便达成共识；如果有人提出反对意见，引导者会继续带领团队一起讨论，直到找出新的共识。

第三部分 个体的承诺

如果一个人没有烈火般的欲望，你是无法帮他点燃的。
经理人永远无法向他人注入动力。他能做的就是识别
每个员工的四车道"高速公路"①，然后全力培育它们。

——Buckingham，Coffman，1999

---

① 译者注：此处指"才干"。

想法本身不能完全将人们连接在一起。将人们连接在一起的不仅仅有想法，还有郑重的个体承诺。承诺涉及感觉、激情和动力。想法只能把头脑连接起来，但头脑并不是感觉、激情和动力的源泉。当感觉有人认同你所承诺的事情时，你就会与其有更多超越思想的连接。

那么，真正的共识是如何发生的呢？共识始于认同。那个与我不同党派的人想要一个安全的社区环境，我也是这样想的；那个与我管理风格不同的人也要致力于提升员工士气，我也是这么认为的——连接就这样发生了。当你发现有人对你所承诺的事情也有深度认同时，建立共识的可能性就会增加。你甚至会退后一步从全新的视角来审视对方的观点。这种对他人观点的审视对于达成共识是至关重要的，因为真正驱使和让人们产生关注的因素往往比较相似而且比单纯的意识形态更加具体。当我们开始彼此交流郑重的承诺时，相互尊重便开始出现，完成任务的动力也会增加。

这种共享的承诺可以发展得足够强大，以至于能够保护那些执行团队任务时遇到压力和负担的个体。越能感受到团队的承诺，就越有精力，就越能承受来自团队外部的任何批评或不公正的对待。个体承诺为团队迈向共识提供了持久的耐力。"当人们被邀请来分享彼此的想法、关切和需求时，人们就会变得投入。他们会从被动的指令接受者变成决策的拥护者。这就是共识决策的力量。"（Dressler，2004，p. 2）这表明在从个体承诺迈向共识的过程中创造了一种令人难以置信的实现团队任务的能量。同样，完成的任务和取得的成就也会为深化建立共识的过程提供能量和动力。

建立共识的矛盾就在于团队成员既要持有自己深思熟虑的观点，同时又要放弃赢得自身想法的每一个方面的竞争欲望。（Dressler，2004，

p. 3）此外，"团队成员还必须愿意放弃对个人想法的'所有权'，允许把它们摆到桌面上来进行优化和打磨"（Dressler，2004，p. 4）。

个体的承诺与那种把每个人都看作是有价值的个体的工作氛围有关。挑战就在于营造人们愿意坦然参与其中的氛围。这对任何经理人或领导者来说都是一项艰巨的任务。"优秀的经理人是向内看的。他们关注公司内部，深入了解每个人，了解每个员工在风格、目标、需求和动机等方面的差异。这些细微的差异能够指导他们找到释放每个人独特才干并将其转化为业绩的方式"（Buckingham & Coffman，1999，p. 63）。当个体得到尊重时，完成任务和达成共识的能量会变得无限大。这就说明，作为领导者、经理人或校长应该挖掘团队成员内心已有的动机，而不是去灌输没有的动机。（Buckingham & Coffman，1999，p. 92）

承诺的氛围给了人们敢于冒险去达成共识的勇气。随着多人的承诺融为一个更大的承诺，承诺的氛围便已形成。这种支持每个人深度认同的环境能唤起人们对整个团队任务的支持。这样做可以增强团队成员代表团队去冒险的勇气，能唤起人们从来没有过的勇气，敢于超越任何个体过往尝试去冒险的勇气。当有了认同的氛围时，人们便开始有安全感。此时，团队间的壁垒就会崩塌，障碍也将不复存在。

前面我们谈过参与和承诺的关系，现在我们要加上第三个维度——冒险。当需要人们表现出勇气和冒险精神时，首先要解决参与和承诺的问题，冒险和勇气会随之而来，达成共识便不再困难。共识可能始于一些很小的决定，所以要记得庆祝一下这些小决定。慢慢地，这种共识的范围和深度就会扩大，直至发展到更加关键和富有争议的领域。

第 7 章

引发具体任务：初级策略

本章导语

明确的任务能让承诺变得更具体。没有明确的任务，就无法衡量个体的承诺。模糊的任务只能带来模糊的承诺，因为几乎什么事都完不成，产生巨大的挫败感也就在所难免了。

因为共识是建立在具体的承诺之上的，所以详细和具体的任务能表明团队达成共识的潜力。随着人们亲眼看到任务被完成和成员间信任得以建立，真正共识的潜力会再度增加。

创造针对具体任务的支持性氛围是至关重要的。人们可能会担心自己要对分配到的特定任务的结果承担个体责任（这是本书第四部分"协作的团队"要重点介绍的内容）。虽然每项任务都会指派给具体的个人，但最终还是需要团队通过协作来完成。成功的团队能把握好个体担责与团队协作之间的平衡。

38. 任务志愿者

当人们致力于超越自身利益的目标时，他们会发现自己具有在追求狭隘目标时所不具备的精力，而组织也能更好地利用这种高水平的个体承诺。

——Senge，1990

方法说明

邀请志愿者完成各种任务，是在向团队表明对志愿者完成任务的充分信任。换句话说，有时候志愿者比那些被领导指派但内心并不情愿的人能更好地完成任务。

我知道，有时这样的安排可能不够现实，而且总有一些任务可能特别适合某些人。但团队成员或同事往往知道谁更擅长什么，因此，可以让他们建议把任务分配给谁做最合适。

一般来说，如果人们从一开始就参与制订项目规划，那么他们也会主动去思考基于自己的实际情况，选择哪些工作放进自己的日程是比较现实的。我的经验是，当人们有机会参与整个过程并将自己的想法融入到项目的规划过程中时，人们就会愿意参与到完成项目的执行过程中。邀请志愿者来完成任务能消除某些借口。

你知道吗？

- 当人们从一开始就参与做项目规划时，其实很多人都想帮着去完成这个项目。
- 人们倾向于把额外的精力投入到自己非常想做的事情中。
- 主动完成任务能带来滚雪球般的效应——每一项被主动完成的任务都能创造出期望更多任务被主动完成的氛围。

这一方法基于团队成员都希望看到项目得以完成的假设。此时你绝对信任他们的能力和完成项目的渴望。

1. 作为领导者，从一开始就要传达出你们是一个有行动力的团队的信号。团队成员有权从一开始就知道他们既是规划者又是执行者。

2. 团队既要有能力创建大块任务，又要能够把任务分解成单个的子任务。

3. 此时，你要提出的恰当问题是："我们要怎样分配任务才能完成所有的子任务？"

4. 可能会有一两项较难的子任务没有人愿意去主动承担。此时，可以让两个人负责完成通常一个人难以完成的子任务，或者问大家是否可以把该子任务分解得再小一些。

5. 一旦任务全被分配出去，通常，你唯一要去关注的就是任务的完成情况而不是人们完成任务的方法。这样才能说明你是信任团队的。

6. 确定好下一次开会的时间，说明到下次开会前要完成哪些内容是非常重要的。

应用提示

- 如果团队成员有些不情愿，那就尽量让大家推荐志愿者。团队成员更愿意接受同事的推荐而不是领导者自上而下的指派。

- 在邀请成员主动承担任务的环节结束时，你要问一下："这样的安排现实吗？"如果大家有疑虑，就让团队讨论一下该如何解决。

- 理想情况下，如果领导者与团队成员的关系比较融洽，那么两次会议间的跟进检查就是一种很好的支持方式。如果有人在推进任务时有困难，领导者可以问对方"你需要团队怎样帮助你？"或"我可以帮你做些什么？"，而不是问对方"你为什么没有完成任务？"。

实践案例

某个团队在开规划会时，成员们对当时的工作情形非常不满。在规划会上，大家发了很多牢骚，说了很多问题。经过一段较为顺畅的规划讨论后，到了分小组去执行任务的时候了。是让某个人布置任务，还是请大家自愿领取任务呢？（显然后者比较好）

团队建议把写有每个人名字的卡片放在一顶帽子里，然后每次从里面取出一张人名卡片，以此来分任务小组。随机分的小组在此后一直高效地运作。团队认为这种分组的方式能体现个体的承诺，它以全新的方式开始，打破了依靠派别或友情来分工的习惯。这样的决定体现出了个体的承诺以及成员间充分的信任。

39. "什么—谁—何时"卡片

当我们做出并履行承诺时，我们便开始建立起内在的完整性，这给了我们自我控制的意识和为自己的生活承担更多责任的勇气与力量。

——Covey，1990

方法说明

这一方法是指采用卡片来记录执行任务时所需要的各个步骤。可以把具体的任务步骤、执行人和完成日期都写在卡片上。

此卡片活动可以与"活动40：时间表"一起来使用。把卡片放在任务的时间线上，然后根据需要调整卡片的位置。这些卡片是在团队成员面前展示每个人的任务和每个人对完成任务的承诺的另一种形式。

你知道吗？

- 许多人都需要他人的帮助才能想象出完成项目所需要的具体步骤。
- 前面看起来有些耗时的详细说明能为后面节省大量的时间。
- "什么—谁—何时"卡片不会给团队成员留下太多空间用来思考如何完成每个任务步骤。

具体活动

1. 提前准备好空白的"什么—谁—何时"卡片。

2. 把卡片发给每个小组。

3. 针对每一个项目，让每个人头脑风暴出完成项目所需的10—15个步骤。

4. 把步骤写在卡片上，每张卡片写一个步骤。

5. 让团队填好卡片上的"谁"与"何时"项。让大家自愿来领取任务，然后把自己的名字写到卡片上。

6. 让团队将卡片放在桌子或墙上，这样有助于接下来共同澄清流程或对执行做反思与洞察。

- 很多时候，我会发现小组最初只能写出一两张完成项目的卡片。在这种情况下，我会问："你们何时决定开会?""你们打算要怎样发布会议通知?""在哪里开会?""会上有休息时间吗?""谁来收拾会后的场地?"很快，人们就能意识到成功完成项目需要很多具体的小步骤。

- 填写卡片可以帮助小组知道未来会发生什么。再次提醒你，要经常问问大家这样做是否现实可行。如果有人承担了太多任务，就要帮他分出去一些，让他做起来更现实。

实践案例

这张卡片上的内容是要举办纪念晚宴的众多步骤之一。

什么	
联系主讲人	
谁	何时
杰克	到 3 月底

40. 时间表

执行时间表可以作为未来工作复盘的依据。

——Spencer，1989

可视化的时间表是一个非常有用的提前安排任务的工具。我建议你先针对几个月或一年的时间范围来创建时间表，以便人们准确地把握全局；然后再做小段时间范围的时间表，来考虑人们要完成任务所需要的各种细节，并由此对完成任务的可行性和现实性做出判断。

对着空气承诺很容易，"我当然能完成这三项"，这三项可能比较简单，但如何处理那些还未纳入时间表的五十多项任务呢？这一方法不是只针对某个小组，而是要做适合团队所有小组的全面而完整的时间表，这将有助于团队所有成员看到全局并避免任务间的冲突。

你知道吗？

- 可视化的时间表可以提前让人们发现时间上的冲突并提醒大家去调整计划。

- 可视化的时间表上的空当能让你更明智地用好这段时间，而不是把事情全部放到后续比较拥挤的时间段里。

- 可视化的时间表是一个参考，而不是必须要这样做的规定或要求。

具体活动

1. 在墙面左侧用 A5 卡片布置好主要的项目或任务，在顶部标出月份或周。

2. 让团队写出完成每项任务的具体步骤，并将其放在相应的月份或周内（参见活动 39："什么—谁—何时"卡片）。

3. 等大家都贴到墙上后，询问团队："你注意到了什么？""这份时间表为我们传递出什么信息？"

4. 如果有很多步骤或任务被放在了同一周里，团队就要做出调整。时间表还能告诉团队是否有好多小组都在同一周里做着非常重要的事情，如果这样的话，可能也要做调整。

5. 询问大家："哪些调整能让这份时间表变得更可行？"

6. 还可以问："看过整体安排后，你看到有哪些重复的步骤？""有哪些步骤是可以合并的？"

7. 你可能会禁不住诱惑地提出个人建议，但此时提问才会让决策权重新回到团队。

应用提示

- 使用这一方法的关键不仅是要了解每个项目的流程，还要了解不同项目之间的关系。时间表的可视化特点对此非常有帮助。

- 回顾并优化完整个时间表，让团队退后一步来想象所有事情都被完成后的情形。问大家："如果所有这些都做完了，你们会到达一个怎样的新位置？"这个问题有助于团队成员找到胜利的感觉，这种成就感能支撑他们去完成整个项目。

实践案例

时间表					
	8月	9月	10月	11月	12月
项目一	□□□ □□	□ □ □	□	□	
项目二	□ □	□ □	□□ □ □	□ □	□
项目三	□ □	□ □	□	□ □ □	□
项目四	□	□	□ □	□ □	□ □□ □

41. 出勤

> 共识意味着对决策的承诺。当团队成员对决定做出承诺时，他们将乐于贡献自己的力量来把决策付诸行动。
>
> ——Dressler，2004

方法说明

这一方法建议你在开会时公开说明谁在场、谁不在场，这种说明很重要。不是建议你在开会时点名，而是要特别提到那些不在场的人和他们不在场的原因。

这是一个简单的戏剧化方法，旨在说明团队中的每一个人对于任务（和共识）都很重要。管理者可能会试图掩盖某些人的缺席，但这样做会意味着那些人不重要，或那些人基本上对于整个团队来说并不重要。团队中的每个人都应该知道缺席的人在哪儿。这是对履行承诺的出席者的尊重。

你知道吗？

- 每位参会者对于整个任务的达成都是至关重要的。
- 当团队成员清楚地知道为什么其他人没来参会时，他们会愿意更加努力地工作。
- 团队成员需要被提醒，即便有一两个人缺席了，大家依然能够完成必要的工作。

具体活动

从某种意义上来说，这个活动很简单。某些人的缺席可能会不经意地损耗团队的能量。除非我们对此另有安排，否则缺席意味着当事人对团队不负责任。

1. 例如，你可以说："正如你们所知，约翰今天生病了，莎莉正在地区办公室和经理开会。他们两人都说，明天会给我打电话来了解今天会议的情况。"

2. 你还可以继续说："虽然大家没能全部在场，但我相信其他人可以完成今天要做的事情。""人不全可能会带来困难，但作为一个团队，看看我们今天要怎样完成任务。"

应用提示

● 如何对待缺勤决定了会议的基调。太轻率地对待缺勤会让团队成员感到自己微不足道。例如，"不管怎样，约翰在的时候从来也不怎么发言"或"没关系，我们今天也不太需要莎莉的参与"。

● 另一种容易犯的错误就是用缺席来发泄沮丧或愤怒的情绪："如果所有人都不在，我们要怎么完成工作呢？""怎么回事，难道约翰和莎莉不知道我们有多少事要做吗？"这样的话会传递出很多对约翰和莎莉不满的情绪。

● 很多人觉得，这样做有点儿把团队成员当小孩子的感觉，好像承认谁在场或谁不在场会贬低别人一样。但恰恰相反，我认为公布出勤状况是一个很好的方法，如果做得好，能向那些正在努力完成任务的人表达敬意。

实践案例

很多时候，在引导者带领的三四十人的会议中，总会有一两个人因为有其他安排必须提前离开。引导者要确保让每一个能按时全程参会的人知道自己是多么被欣赏。引导者可以先介绍一下会议后期要涉及的内容，以便提前离场的人知道回来时要向团队成员询问什么。通常，引导者会给提前离场的人一项额外任务。引导者要特别谨慎，避免说"哦，没事，这里有很多人，我不会注意这些"或"你报名时不知道应该全程参加吗？"。

碰到这种情况，引导者可以向其表达，能够理解他们都是活在重任旋涡里的聪明人和重要人物。然而，如果你事先已经知道对方是推卸责任的人，那情况可能会完全不同。遇到这种情况，引导者可以为其提供两种都可以接受的选择，每一种都要体现出承担更多的责任。例如，阅读一篇文章，然后给团队分享；或是写一段有关新项目或新的教学方法的小短文。

42. 任务分工表

变革型领导者不会把团队成员视作机械齿轮，而是将其视作不断寻求自我满足和充实感的个体。

——Ritscher（in Adams，1986）

方法说明

这一方法建议将任务写出来或打印成图表发给所有人。图表中需要列出每个团队成员的姓名，要将具体的任务、步骤以及完成任务者的姓名写下来或者打印并贴出来，让所有人看到。

打印出来的表格能告诉大家其他人正在做什么。这是一种支持个体承诺的方式。当团队成员知道其他人知道自己已经同意接受并负责某项任务时，他们通常会付出更多的努力。另外，团队成员通常也会因为其他成员付出了很多汗水而更加努力。

你知道吗？

• 当团队成员清楚地知道其他成员都在做什么时，会有一种被赋能的感觉。

• 当人们看到完整任务分工表所展示的画面时，就会将整个项目牢记于心。

• 任务分工表非常客观地向团队表明，只有完成了每一项具体的任务，才有可能完成整个项目。

具体活动

1. 当团队安排任务执行步骤或填写"什么—谁—何时"卡片（参见活动39）时，再让他们填一张任务分工表。

2. 在团队汇报和做出调整后，把汇总表格信息打印出来。

3. 确保给每个人发一份任务分工表。

项目：新营销手册		
步骤	谁	何时
1. 确定产品名称	约翰	4 月 3 日
2. 撰写说明文字	贝丝	4 月 10 日
3. 获取信息后交给排版人员	丹	4 月 12 日
4. 从排版人员那里拿到第一份草稿	丹	4 月 15 日
5. 修改最终草稿	贝丝	4 月 17 日
6. 把修改后的草稿返给排版人员	丹	4 月 19 日
7. 拿到修改后的手册	丹	4 月 23 日
8. 获得经理的最终确认	约翰	4 月 24 日
9. 发送给打印制作公司	维姬	4 月 25 日
10. 从公司那里取回手册	维姬	5 月 1 日
11. 发给邮局的人去邮递	维姬	5 月 2 日
12. 确认人们是否收到手册	丹	5 月 10 日

应用提示

• 任务分工表是一种强化个体承诺的工具，同时也能帮助团队记住谁应该做什么。

• 确保每个人都有一份任务分工表，是戏剧化地说明许多人为完成任务都做出了承诺的好方法。如果任务分工是团队所做而非领导者指派的，那会更加令人印象深刻。这清楚地表明了每个人对团队事务的参与。

• 当用这个工具强化和支持团队时，个体的承诺就会增强。不要用它来责怪没完成任务的人，否则团队成员就不再愿意认领任务了。

实践案例

在为一家公司提供服务前，引导者收到一个活页夹，里面是每个小组的计划。每位参会者也都收到了一份副本。各组汇报的时候，每个人都能看到有多少计划已经被完成了。这些计划非常具体，里面有许多证明团队取得进展的图片和表格。

确保汇报以庆祝的方式来呈现的关键是在会场营造非评判性的氛围。如果任务未能按计划完成，就要问明原因并基于前期工作来做出未来的补救计划。这种氛围对增强个体的承诺会有很大的帮助。

第 8 章

扩大对个体的认可：中级策略

本章导语

认可是一种从侧面赋予团队成员荣誉的形式。在过去，荣誉总是归于那些比你职级高、比你更资深的人，奖励与认可似乎也总是自上而下的。在这个所有人对自我价值都有所认知的年代，当人们发现他们的贡献被同事理解和重视的时候，他们的工作动机就会增强。

换句话说，认可和赞赏个体优势的氛围会促进和培育个体的承诺。我们期望个体能承担越来越多的责任。而不断加大对个体的认可，事实上真的会促使人们加深自己的承诺。

在不信任和诋毁个体的氛围中是很难达成共识的。在这样的氛围中，个体的生存很快成为人们的首选目标。这会让人们形成只想完成最低限度任务的心态。如果人们体会到对个体优势的认可，就更容易形成深度共识，因为在这样的氛围中，人们越来越希望团队（和他们的计划）能够成功。

43. 具体的赞赏

分享前所未有的信息、互动和认可能够引发人们态度的转变与横向交流，这些是促成人们广泛参与和做出承诺的前提。

——Peters，1987

方法说明

赞赏他人总是很难。有些人认为"为什么要赞赏那些只是完成了本职工作的人呢？"，或者"工作本身就是奖励，所以无须赞赏"，或者"如果我赞赏员工，他们就会松懈下来而不再好好工作了"，所有这些思维模式都在营造一种对赞赏极为吝啬的工作环境。

有些人则觉得赞赏他人是很容易做到的。他们经常会说"做得很好"或"你是我见过最棒的秘书"。这种赞赏或许能让双方的感觉好上一阵，但这样的帮助并不大。

具体的赞赏是要指出对方值得赞赏的具体行为或成就，并把这些告诉对方。这会让互动更加真实和可信。具体的赞赏能帮助人们确切地知道需要再次做好的行为、活动或成就是何样子。人们有权知道，在每年不止一次的绩效考核中他们哪里做得好。

你知道吗？

- 一分钟的赞赏与认可会让团队成员愿意额外花一个小时去工作。
- 即便赞赏与认可刚开始听起来有些假，但时间长了就会变得很真诚。
- 赞赏与欣赏的举动能够感染人：它们不仅会在公司里传播，还会传播给客户。

具体的赞赏对大多数人来说并非自然而然就能做到的，所以你可能需要提前练习一下。

1. 人们总结了很多赞赏的方式，但我觉得最有帮助的是博尔顿（Bolton，1979，p. 183）在《人才技能》（*People Skills*）一书中提到的方式："当你……时，我觉得……，因为……"

2. 建议你在第一次使用这个方法时，可以提前把要说的内容写下来，以便提醒自己要说什么。

3. 例如：

（1）"当你提前两天完成报告时，我觉得非常开心，因为这能让部门负责人有时间在我把报告发给区域经理之前阅读和审批它们。"

（2）"当你顺利地带领会议时，我觉得特别高兴，因为人们在离开会场时感觉自己了解了重要信息并准备好了在下周就此做出决定。"

（3）"当你额外花时间接待那位生气的客户时，我觉得很高兴，因为这说明我们是很在乎客户服务的。"

应用提示

• 有些人不习惯听到这种直接的沟通，所以你可能需要多赞赏对方几次，直到你发现自己说的被对方清楚地听到和理解。

• 这种模式也可以用来和员工或同事沟通需要改善的问题。

• 有些单位设立月度员工奖，获奖员工可以与老板共进午餐或得到认可券。如果采用这种方式，记得要说清楚员工的具体表现，这样就能让每个人知道自己做过的值得被庆祝和认可的具体行为是什么。

实践案例

以下是某个团队想到的赞赏的具体做法，你的团队则需要自己去尝试找到恰当和有效的方式。有一家教育培训与出版公司，每个季度向员工颁发三种奖励：特殊贡献奖，用于奖励那些超出职责范围的贡献者；团队建设奖，用于奖励那些为激活团队能量做出贡献的人；最佳业绩奖，用于奖励那些为公司利益做出个人努力的人。每个奖项都会说明获得该奖项的员工的具体事迹或成就。到年底的时候，员工所获奖项的类型和数量能决定其获得公司年度员工奖的票数。仅仅在年内获得的奖励就会增强人们对工作的好感。年底的奖项又能进一步体现出公司对员工的承诺。当你走进办公区时，你会看到很多员工把他们的奖项贴在自己的办公桌上。

44. 个人庆祝活动

庆祝活动具有强大的力量。

——Owen，1987

针对个人的庆祝活动（与个人生活、工作和职业相关）对于表达认可至关重要。许多团队善于庆祝人们的生日、取得的学位或获得的晋升。此外，完成了挑战性项目、担任了重要活动的牵头人或为某份杂志成功撰写了文章都可以成为庆祝的理由。

在繁忙的工作中我曾听人说过他们没有什么庆祝活动。在有些不寻常的事情发生时，即便是 5 分钟的庆祝活动也能让人们在接下来的一天里斗志高昂。

你知道吗？

- 为个体的成就或生日给予的恰当庆祝是欣赏人们独特优势的机会。
- 针对某人的庆祝活动也是所有团体成员"跳出来"思考自己人生旅程的机会。
- 一次能彼此连接和恰到好处的庆祝活动不仅能奠定达成共识的基石，还能增加人们完成任务的动力。

具体活动

1. 谈到庆祝时我们往往会想到食物和饮料，这些东西的确能带来帮助。

2. 在为某人举办庆祝活动时，提出一两个关键问题能为在场的每一个人带来跳出具体情境进行反思的机会。

（1）如今你获得了硕士学位，这对你而言意味着什么？

（2）去年对你来讲最重要的一件事情是什么？

（3）你对未来一年的期待是什么？

（4）在你担任部门负责人以来最关键的一项成就是什么？

（5）你在写这篇文章时有什么发现？

（6）当团队成功完成这项艰巨的任务时，关于"团队合作"你有哪些收获？

（7）是什么让你勇往直前？

3. 你可以在会议开始后或结束前用5—10分钟做个庆祝活动。对有些人来说，这似乎有点浪费时间，但对明智的管理者来讲，这是保持个体积极性与活力的好机会。

应用提示

• 充满智慧的提问会促使人们思考是什么为他们忙碌的生活带来意义和价值。人们渴望听到同事谈论类似的事情。

• 虽然在每一次团队会上这样做会显得有些不现实，但每个月做一次并不为过。

• 这个活动要求你作为引导者要留意人们聚会或休息时的非正式谈话，以便在为某人庆祝时用上这些素材。

实践案例

团队中有一位成员是从国外移民到美国的，在美国经过很长一段学习后获得了博士学位。团队决定为他举行一场小型的庆祝活动。当有人问他这个学位对他来说意味着什么时，他坦言工作确实很辛苦，特别是英语不是他的母语，他说："由于我的祖国发生了动乱，我永远无法再回到那里。我没有别的地方可去了。我很感激能在这里工作。"这给现场听众带来了反思的时刻。团队中的许多人开始怀疑，自己能否像这位同事一样可以经历这样的人生，并且仍然能够平和与积极地对待生活。自己是否有毅力像他那样努力地工作？他的回答引发了人们对其精神品格的极度赞赏。如前所述，这可能只需要5—10分钟，但这样的机会能给人们带来许多收获。

45. 反馈

> 对致力于自我成长的个体来说，没有什么比支持性的环境更重要。
>
> ——Senge，1990

方法说明

有时你会被要求在培训、演讲或项目结束后给别人提供反馈。对于等待反馈的人和即将给出反馈的人来说，此时都会倍感焦虑。

关键是要明白，反馈的目的是让当事人对他自己的演讲或项目进行自我反思，这不同于告诉他什么做得好以及什么做得还不太完美。营造支持个体的环境能够强化自我反思个人表现的能力。

因此，引导者不是给出具体反馈，而是要通过提问创造一个回顾和反思的氛围。另外，当人们问到以下问题时，记得要给对方提供客观数据："我到底问过什么问题？""我在这个环节用了多少时间？""演讲时，我注视观众的时间占比有多少？"

你知道吗？

- 这个活动最重要的产出不是完美的表现，而是越来越多的信任。
- 如果这个活动做得好，人们希望以后还能得到反馈。
- 仔细聆听能帮你把握好要提出的关键问题。

具体活动

在某人展示完新技能、做完演讲或完成某个项目后可以进行这个活动，其实就是和刚做完这些事情的人进行一次对话。这套问题的假设是，人们自己领悟到的见解比别人的"好主意"更有意义。以下是四组参考问题。

1. 你的计划是什么？你打算做什么？

（即使之前谈过这个问题，从这个安全的问题开始也是有益的。有时候，最初的计划会因为获得了新的信息而在最后时刻发生变化。因此，仔细倾听对方的意图有助于发现演讲中听不到的部分。）

2. 你觉得什么地方做得好？你认为什么地方做得还不错？哪部分的质量特别高？

（再次提醒你，请不要直接说出你的反馈，你的工作是培养对方的批判性思维。）

3. 如果再做一遍的话，你会有哪些不同的做法？

（这会马上促使对方深思熟虑，并自我反思改善的方法。）

4. 我能怎样帮助你？我们可以用什么方式来帮助你？

（这会继续让对方持续处在被教练的过程中。）

应用提示

- 这个活动的假设是，人们可以提高自我评估的能力。此外，它也表明，别人是可以仅通过提问来协助这一过程发生的。

- 在别人演讲或汇报时你可以做些记录，以便稍后分享具体和客观的信息。

- 令人惊奇的是，当以鼓励和具体的方式给出反馈时，人们会更加自信并珍视个人思考的机会。

实践案例

一位培训师为行政管理人员做了为期两天的培训，培训的重点是用结构化的方法开展参与式工作坊。在体验过方法并回顾了方法背后的步骤和原理后，学员被分成几个小组，准备在第二天的演练中各带领一部分引导活动。

在每位行政管理人员带领过各自的工作坊后，培训师停下来问他们哪里做得好。人们给出了如下回应："我刚开始有点紧张，但后来慢慢地自信起来。""我们小组之前帮我做好了准备。""我把所有的东西都写下来了，所以没感到有什么困难。"之后，培训师又问他们下次会采取哪些不同的做法。大家又说出了以下想法："下一次我会先在镜子前做一下练习。""我会更直接地注视人们的眼睛。""我会请别人在白板纸上帮我做记录，因为我很难一边记录一边专注于讨论。"鼓舞人心的风格和追根溯源的问题能营造出促进自我评估的安全氛围。

46. 使用人名

人们普遍认为：“个人是个人，工作是工作，两者互不相干。”但实际上，“个人”和“工作”总是紧密相连的。

——Ritscher（in Adams，1986）

方法说明

在引导时，只要有可能，我就会试着叫出人们的名字。互动时叫出人们的名字，会让团队的情绪发生变化，团队会由此凝聚起来。

名字是最私人的符号。当人们被叫错或写错名字时，他们会立即做出回应；当正确使用人们的名字时，他们也会做出积极的回应。正确使用人们的名字是你对和你一起工作的独特个体表达认可的方式。

你知道吗？

- 说出人们的名字会创造出彼此连接的氛围。
- 使用名字会让人们感到轻松。
- 身处高科技、高触感的环境，我们更需要非正式和非僵化的感觉。

具体活动

建议你采用一些方法，比如名签或名片来帮助自己在不认识对方的情况下叫出对方的名字。

1. 在会议小组里使用这个方法看起来比较容易，但在对话过程中提及人们的名字还是需要一些训练的。

“所以，汤姆，你是说你推荐的这个项目不仅对客户有利还对公司有好处。”

“玛丽，请多告诉我们一些相关的事情。”

2. 有时候，有人会强烈反对团队中大部分人的观点。我不会为了继续讨论而回避这种情况，而是将其视作提醒人们在任何团队中都会有很多不同视角的机会。

"请注意，在斯坦看来，尽管这个计划肯定会增加收入，但每件产品的平均成本会超出我们的预算。让我们听听其他人会怎么说。"

"琼说要提醒我们，去年提出这个建议时，其他几位员工向经理表达了强烈的反对意见。"

"史蒂夫担心员工们很难认同这一点。"

3. 如果我与新团队一起工作，在开场每个人作自我介绍时，我会在纸上画一张桌子，并依次把人们的名字标在旁边。当我要叫出某个人的名字时，这会是一个好方法。

应用提示

● 在引导中，我重复持不同观点者名字的原因是要让团队听到他的话，并确保此人知道大家已经听到他的声音。如果最终达成不同的决定，此人也会毫无疑问地明白，至少在解决问题的过程中有人听到了他的不同想法。

● 如果你是第一次带领大团队，名签可能会非常有用。在有人说话时，我会看下他的名签，这样我就能叫出他的名字。

● 团队很大的话，你很难记住每个人的名字。但是，即便你只能叫出 20% 的成员的名字，也会让团队感到非常亲近、熟悉和被认同。即使你只能叫出最常发言者的名字，团队也会喜欢这种被叫出名字的感觉。

实践案例

有时会有人问我："你是怎么记住每个人的名字的?"事实上，我大部分时间是记不住这些名字的，只是借用了人们的名签或座位表，或者只是叫出了其中 20% 的人名而已。人们这样问的事实表明，引导者说出大家的名字已被注意到并让人们感到被认同。

47. 个性化工具

工作不仅仅是为了赚钱，它还涉及个体的承诺、满意度和自我成长。

——Ritscher（in Adams，1986）

方法说明

有些时候，比如在假期，领导者想要表达对团队的具体认可，当然会有很多种方式，其中一种就是为团队提供一些能提升其专业度的个性化工具。

员工对自身工作或角色的认知较低时，其士气会受到巨大影响。因此，个性化工具可以提高员工的自我形象从而增强其专业感。真正体验到自我的价值能增强个体的承诺。使用个性化工具并将员工的名字放在上面，还可以帮助他们更好地完成自己的工作。

你知道吗？

- 当员工使用个性化工具时会感受到与工作伙伴的连接。
- 一种好的工具会传递出"我相信你就像我一样专业"的信息。
- 个性化工具可以帮助员工重塑自我形象。

具体活动

1. 你在这方面的作为很大程度上取决于你对团队的了解。你怎么做与你本人的个性有关，但可以试问自己以下问题。

　　（1）团队目前的情绪状态如何？人们对自己的感觉如何？完成哪个特定的项目让团队成员感到特别艰难？

　　（2）人们是怎么看待下一步将要发生的事情的？

　　（3）现在对整个团队的认可是否比对个人的认可更重要？

　　（4）我可以提供什么样的工具来鼓励每个人？

2. 回答上述问题能帮助你判断什么样的具体认可是对团队有帮助的。

3. 可以用作个性化工具的有以下几种。

   （1）办公桌上的铭牌

   （2）工作笔记本

   （3）记事本（可设计员工的名字，比如"吉姆专属"）

   （4）墙上的日历

   （5）照片墙

应用提示

● 我发现，我所知道的许多认可方式无须花费很多钱，但它们的效果很好。

● 即便听起来有些古怪的想法，也可能在团队精神懈怠或负担过重时让大家重新振作起来。

实践案例

曾经纽约州的一位校长决定给每一位工作人员制作一套个性化的名片作为节日礼物。许多人从未有过自己的名片。无论员工是否要使用这些名片，这份礼物都说明：校长觉得他们非常专业。

作为正在开展的员工认可计划的一部分，某家公司评选月度最佳员工，并在公司大门口为当选员工提供一个月的免费停车位。这并没有花太多钱，但能大大提升员工的自豪感和士气。

第 **9** 章
导向个体担责与宽恕：高级策略

本章导语

你如何让人们保持工作动机与承诺？过去，主要的方法就是威胁和恐吓："如果你不做 A，就会发生 B。""你得这样做，否则就会失去工作或得不到加薪。"这样的环境会促使人们隐瞒真相。换句话说，如果情况不好时，员工不敢透露任何问题。在这样的氛围中，他们只会透露那些最乐观的事实，并试图把其他事实隐藏于视线之外。

在支持性的团队环境中，分享事实真相是有可能做到的。一个没有完成的项目、一次失败的实验、一次被打脸的冒险、一项被遗忘的任务——所有这些信息，以及任何成功和胜利的信息都是可以被分享的。团队知道，只有在事实被完全了解的情况下，事情才能得以顺利推进。一旦事实浮出水面，团队就可以利用它的力量来确定下一步行动，并支持整个团队向前迈进。团队要做到这一点，一是要求团队成员在汇报时做到诚信和真实，二是在诚信和真实汇报的情况下可以被宽恕。本章主要讲个体的承诺，因为威胁和恐吓会降低承诺，诚实与宽恕会让团队前行并增强承诺。这种环境激发了个体的承诺并为完成任务提供了能量。

加强个体与团队的连接就能强化达成共识的环境。这种氛围会激发团队想要达成一致。随着团队内部相互依赖和个体承诺的提升，深层次共识的基础也就被夯实了。

48. 短时周会

通过向自己和他人做出并信守承诺，慢慢地，我们会认为荣誉比情绪更重要。

——Covey，1990

方法说明

通过定期会议和短时周会来如实讨论正在发生的事情，对成功执行项目是至关重要的。把真实的情况摆到桌面上能汇聚团队能量，不仅有利于规划下一阶段的工作，还可以用来解决某些问题或当前遇到的障碍。

当这些会议目标清晰且定期召开时，团队间的连接会被加深，团队间不断加深共识的可能性也会被持续提高。

你知道吗?

- 很多时候我们不愿意和同事碰面，是因为担心自己做得还不够好。
- 定期会议、短时周会和有规律的例会是人们对未来做出积极预测的机会。
- 短时周会是对做好工作的支持而不是要故意打断正在推进的工作流程。

具体活动

1. 你可以从大家正在进行的大项目或其他任务小组的表现来开启周会。

2. 请每位成员如实汇报上周已经完成的工作和接下来要做的事情。

3. 所有人汇报完后，建议你对团队表示一下认可。向大家宣布前段时间里已经完成的工作，告诉大家已经取得的成绩，发生的漏洞或错误，这样会创造出让团队风雨无阻地迈向未来的氛围。这种说明或主张就是我所谓的宽恕。也就是说，无论发生了什么，大家都已经知道了，现在是应该继续前进的时候了。请注意，只有在了解了整体信息后才可以这样做。

4. 此时，团队可以审视一下后面的安排，或许要对任务做些调整，或是决定由谁来执行哪项具体的任务。

5. 宣布下次会议何时召开，用简短的语句结束会议，还可以用一两句话提醒大家做过的承诺。

应用提示

• 第 3 步可能会让人们感到有些尴尬，但我可以向你保证，随着大家对此情形越来越熟悉和感受到你的真诚，你就为团队变得更加坦诚铺平了道路。另外，就像前面讲的那样，你正引发团队成员走向深度的个体承诺。

• 当有些任务没能完成时，管理者经常会立即问道："你为什么没有完成任务？""你怎么回事？"有时，让一个人多说几句有助于你和团队了解更多情况。指责性的问话会带来对方的辩解，还可能导致对方责怪他人或隐瞒某些重要信息。旨在了解更多背景信息的提问往往能帮你更接近事实的真相。

• 担责与宽恕背后的假设是，团队是由富有责任感的个体构成的。

实践案例

宽恕语清单

1. 上周已经过去，现在让我们轻装上阵去创造下一周吧。

2. 上周的确很艰难，也很让人心烦，不过总算过去了。本周的胜利和成功正在召唤着我们前进。

3. 成功与失败都已过去，我们可以自在地去创造未来了。

4. 让我们放下所有的成功与失败，现在就轻装上阵去创造新的一周吧。

5. 这一周的成功与纠结正提醒着我们如何去完成眼前的任务。

6. 请继续写下你自己的宽恕语：

_____

_____

过去有位朋友在一家机构工作，他们经常花很长时间和精力去完成团队决定的任务。他们每周开一次例会，经常复述写好的宽恕语。事实上，他们能够坚持年年如此与经常引述这些宽恕语有直接关系。

49. "我对······感到紧张"的对话

社会动荡不安、变化无常，复杂性也在不断加剧，在这种背景下，组织和个体的卓越表现将显得极其珍贵。

——Adams，1984

方法说明

有些工作、任务或职责会引发人们焦虑。把焦虑说出来可以减少焦虑对人们行为的影响。这个活动通过承认这样的事实来打破指责、归咎和否认的恶性循环——虽然有很多工作会让我们感到乐在其中，但每个人同时也难免需要做一些令人烦恼或紧张的工作。

你知道吗？

- 很多人比我们想象的更容易感到焦虑和紧张。
- 多次的焦虑和紧张说明人们在乎这项任务。
- 对某些任务感到有些焦虑也不失为一件好事。

具体活动

1. 将团队分为两人小组。
2. 让每个小组讨论以下问题。
   - （1）你在执行这项任务时有什么期待？
   - （2）当你一想到自己要去执行这项任务时，你会有什么担心、紧张或害怕？
   - （3）根据你们以往的经验，哪些策略有助于完成那些容易让人们感到焦虑的任务？
   - （4）有些人会在小纸条上给自己写一些鼓励的话。请问在完成这项任务的过程中，你会在小纸条上给自己写点什么鼓励的话？

3. 由于大家已经两两进行过对话，此时再向团队提出上述问题，让大家分享一些小组讨论过的答案。

4. 如果没时间做团队讨论，你可以采用通用式提问，比如"你们讨论了些什么？""在你们的对话中，什么地方让你感到惊讶？"或者"你从对话中学到了什么？"。

应用提示

● 对那些特别机敏的团队，你还可以提一个更深层次的问题，例如"为什么我要带大家做这个讨论？"。

● 在每个环节，你需要说明，紧张、焦虑和疲倦等情绪是完成很多任务或活动时自然出现的情况。通过公开谈论这些感受，人们就能间接地摆脱它们，从而更冷静地完成手头的任务。

● 这个对话的目的是提高个体的参与和承诺，并增强团队的凝聚力，从而为完成任务带来深度的共识和能量。

实践案例

有个团队接受过本书提到的引导方法的培训，之后使用这些方法带领社区的核心小组开会。很显然，他们当中的很多人会感到有些紧张。

在让团队成员结对子之后，带领者问了一些类似的问题。之后，他要求团队成员自愿地分享一些他们讨论过的内容。

听到很多人在表达同样的焦虑，他们感到些许安慰。由于人们的舒适感得到加强，他们能更好地去关注团队中那些在焦虑的同时还能传递希望和信心的勇敢者了。

50. 执行收获对话

参与的终极阶段是定期与自发地采取行动。

——Peters，1987

实现担责与宽恕的一种间接方式是采用结构化的对话，这种对话不仅能了解人们的成就和困惑，还能了解人们在执行任务中的收获。

这个活动能为人们过去一段时间的努力创造新的背景。通常，人们很容易回忆起艰难的任务或失败的经历。从宝贵的经验中进行学习与反思，用新的眼光看待困难的经历，能让团队充满希望和自信地迈向下一个阶段。

你知道吗?

- 灾难中也隐藏着教训。
- 当花点时间谈论取得的收获时，人们就会变得更加成熟。
- 许多经验教训只有在刻意对话中才能被发掘出来。

具体活动

这个对话最好是在某个阶段结束或项目完成时进行，最好是团队成员都在场。带领讨论时，当大家给出 4—5 个答复后就可以继续提出下一个问题。

1. 上个季度，我们取得的一些重要成绩是什么?
2. 哪些事情对我们来说是特别顺利的?
3. 让我们感到纠结的是什么?
4. 我们遭遇了哪些失败?
5. 与 3 个月之前相比，我们现在的处境有何不同?

6. 在过去 3 个月里，我们从完成的任务中学到了什么？

7. 现在我们能为后 3 个月的工作推进做出哪些改变？

8. 如果要给过去 3 个月起个名字，我们要怎样给它命名？（例如，"＿＿＿＿＿＿的季度"）

应用提示

●这种对话的价值在于完全从团队的视角出发，不强调某个人的成功或失败。这种视角提供了一种体现担责和宽恕的方式。

●这种对话意味着，即便是失败也会教给人们一些有价值的东西，并能在未来发挥作用。

●这样的对话并不意味着没有任何分歧。当出现分歧时，做过承诺的团队成员会努力寻找有效的解决方案并尽量满足所展现出的不同视角和价值。

●将这场对话稍作修改就能帮助人们收集对不理想结果的看法。这组问题同样能帮助人们"跳出来"反思一场灾难。

●这当然不是每周都要开展的对话，但作为季度性的讨论还是可以的。

实践案例

在带领多个团队做完类似对话后，我收集到一些团队成员分享的经验。

●成功的执行能够增强团队和个人的信心。

●成功的执行会带来其他成功。

●精心挑选的项目可以改变整个组织的情绪和状态。

●项目的成功能邀请更多人参与进来。

●想办法与其他团队保持联系是至关重要的。

●作为团队，我们要想清楚如何共同做出决定。

51. 成功前的庆功会

参与可以从任何事情开始，甚至是一次派对。

——Peters，1987

方法说明

任务完成后举行庆功会是很常见的。然而，本方法要告诉你的是事前举办庆功会。换句话说，在取得成功前，用这种方式把每个人投射到获胜的精神状态中。这是大家在提前自信地宣告，无论如何团队是不会失败的。这是一个大胆的主张。它会提前承认，并非所有事情都会进展得完美无缺。它也会提前宣布，整个计划是建立在胜利的基础上的，在执行的过程中，无论出现什么失误，计划都不会失败。

这是一个激进的宽恕宣言，它将每个人的恐惧和忧虑置于了成功的背景之中。

你知道吗？

● 成功前的庆功会表明，不管成功与否，团队都将体验到胜利。

● 每个人都希望成为获胜团队的一员，聪明的领导者会让每个人看到自己早已是赢家。

具体活动

本活动建议你在任务完成前先做些鼓舞人心或是有点"离谱"的事情：在获胜前宣布你们的胜利。

1. 作为领导者，要关注一下团队的情绪状态。

2. 如果人们对完成某个重要项目的焦虑情绪在增加，你可以问问大家："我们可以做些什么来提前庆祝一下即将赢得的这场胜利？"

3. 在白板纸上记下团队的建议，其中可能会有类似外出就餐、看电影或下次开会时来些点心等建议。

4. 谈谈每种可能性的好处及其意味着什么。

5. 确定庆祝的时间。

6. 快速地把任务分配给大家。

应用提示

- 使用本方法的关键是要让团队把各种细节都放在一起来考虑。

- 成功前的庆功会对于某些强势风格的团队可能不适用，那就别强迫他们这样做。

- 让团队成员说明这个活动的意义。如果是你提出的想法，那就让大家说说这样做的好处。意义或好处是不能用说教的方式带给大家的。

实践案例

十几位引导者即将带领为期两周的工作坊，此前他们没有这么做过。接下来的两周能否成功取决于很多因素。在工作坊的前一天晚上，所有受训过的引导者和他们的领导以及培训师聚在一起，共同庆祝了未来的成功。

他们用几分钟的对话详细说明了期待的成功，还花时间想象了如果一切顺利的话，未来的组织会是什么样子。

毫无疑问，那天工作坊结束后，他们一起外出就餐，举办了"成功后的庆功会"。

52. 承诺的象征

在组织经历系统性变革之前，"关键多数"的个体成员需要经历转变。

——Adams，1984

有些团队会采用符号来表示个人对任务和团队的承诺。这是一种由团队自发决策的好方法。它能让团队一起做出的决定更加清晰和明确。这些象征可以简单到给每个人发一个笔记本，在笔记本里画一个符号或是写一句重要的话，或是写一条提醒团队要共同完成的目标。

你知道吗？

- 参与到某种承诺的象征中好比是经历了一次有约束力的仪式洗礼。
- 适合某个团队的象征可能对另一个团队而言毫无意义；换句话说，真正的象征应该是非常个性化的。
- 聪明的领导者会对那些恰当的象征保持敏感。

具体活动

团队在一起工作过一段时间，或是刚刚经历了组织变革，或是经历了某些职能的大幅调整后，有时会创建一个能体现将项目进行到底的意图的象征。

下面的对话有助于团队做出正式的承诺。

1. 我们最近经历了哪些变化？
2. 这些变化是如何影响我们这个团队的？
3. 我们对任务的承诺正在逐步加深，对此，你想说点儿什么？
4. 我们可以用什么物品或符号来提醒自己已经做出的承诺？

- 这一方法的力量在于它的自发性。
- 领导者的技能在于从团队的日常工作中发现这些象征。
- 幽默的符号也可以代表严肃的承诺。

实践案例

有一位员工遭受了很多诽谤和流言蜚语。在开过两天组织发展的会后，负责有效领导力的小组站出来宣布，下周每个人都要签一份团队承诺书。几天后，该小组做了一个非常专业的证书，上面写道"我是＿＿＿＿＿，我以我的职业道德发誓，我承诺永远不对其他同事说坏话或贬损别人"。每个人都被要求签了字。同时，团队还建议，如果对某人的职业行为有任何疑问或怀疑，可以提请管理层介入而不是私下议论。这种做法起到了很好的作用。会议的重点和签署的承诺书把员工凝聚在了一起，他们以过去两三年没有过的职业化方式投入到了工作中。

第四部分　协作的团队

　　自我管理型团队的威力已在许多场合得到验证。为什么有效呢？简而言之，在 10—30 人的团队中，人们可以很好地了解彼此，知晓每个人的任务，轻轻松松地聚在一起，并在开明领导者的带领下团结起来，展示团队的精神风貌。

——Peters（1987，p. 302）

团队协作需要领导者具有促进团队迈向共识的团队建设能力。团队是不会自然形成的。不同个体一起共事的方式会有很多种。很多人都遇到过不具备共同行动所需知识和能力的团队。领导者的技能和开放的心态是必要的。同样，共识也不会自然发生。那些受过严格的个人主义和对抗性运作模式训练的人，不会在一夜之间成为善于达成共识并运作流畅的团队。

让人们一起坐下来并不能确保带来运作流畅的团队。布莱克、穆顿和艾伦（Blake，Mouton，Allen，1987）确实提到过"积极的集体"与"消极的集体"的潜在影响。积极的集体为真正的共识铺平了道路。个体间的连接和联系会开启共识的阀门。团队的连接越深，共识的可能性就越大。

团队协作源自对外部团队任务的熟练关注以及团队成员之间的信任与熏陶。单纯地追求团队任务很快就会导致精疲力竭或仅是机械地完成任务。温情与互助很快就会在自私与封闭的团体中消失。协作是深层人际连接与完成共同任务相结合的产物。

"珍视差异——人们在心智、情感和心理上的差异，是协作的本质。"（Covey，1990，p. 277）团队协作的核心是发现团队成员存在的差异化价值。当个体差异的积极价值被拥抱时，团队建立共识的能力就会增强；与此同时，团队的凝聚力和能量也会得到提升。

团队协作是一种与首席执行官所采用的自上而下的决策模式以及教师所擅长的教学模式完全不同的工作模式。首席执行官和教师在旧有模式中是信息的提供者。如今，引导的假设是，很多知识早已存在于组织成员的头脑里。发现、利用并将这些知识扩展到已知范围之外需要新的技能。问题的关键在于有效性，而旧有的模式已经不再有效。

圣吉（Senge）为我们提供了获取技能的线索。有些技能可以让团队获得很多想法，让团队看到各种选项，这些选项可以在很少或不被判断的情况下快速摆到桌面上。一旦出现这种情况，团队需要采取办法将选项减少到可控的数量。最后，团队需要采取办法决定要选用哪些。这些不是习惯于自上而下做决策或对抗性斗争的人们所熟悉的方法。在那样的环境里，通常只有声音最大或最强的人才会获胜。

圣吉认为，团队一旦形成，就有可能获得比个体头脑更强大的思维能力。（Senge，1990）我理解圣吉指的应该是整个团队的心智模式。这种"团队的心智模式"与"群体思维"是不同的，后者是指每个人都以同样的方式思考和运作。我所定义的团队的心智模式是由许多能独立思考的强大的个体的心智组成的。这些心智为了共同的结果而连接在一起。连接形成了团队的心智模式。获得这一团队心智的方法和工具能唤起个体心智难以产生的创造力、替代选项和解决方案。

圣吉还指出，富有凝聚力的团队有另外一种能力，即从任务中退后一步来反思以吸取教训和发现意义。这种技能不仅为当前的任务带来重要洞见，还能在团队成员间建立起深层的纽带，从而呈指数级地提高团队达成深度共识的能力。

团队成就和多样性所带来的兴奋驱动着人们走向共识。柯维指出，要把对团队成就的兴奋和团队协作看成发展的措施，而不仅仅是让别人来完成你交代的任务。（Covey，1990）这是一个要在成长与成熟中仔细打磨的过程。当团队成员开始乐见他们的成就与经验时，其团队意识就会达到新的高度，连接就会更加紧密，人们就会更加期待挑战而不是恐惧或逃避。依靠团队协作，强大、有效和流动的力量就会不断地生发出来。"为什么不协作？为什么不在做决策前多听听别人的想法？这将极大地改善工作环境并给更多个体带来对组织的拥有感，还将为组织提供更好的成功机会。"（Rosberg, McGee, & Burgett, 2003, p. 10）请注意他们对工作环境的强调。强大的团队具有极力培育激励性工作环境的潜能。这种环境促成了亚当斯所谓的"激动人心的表现"（Adams, 1986, p. 96）。

当团队发展到这个阶段时，每个成员都会意识到，团队的优势建立在每个人不同的特点之上。换句话说，团队的力量源自其成员的多样性。这种对多样性的高度珍视、对不同视角的尊重、对不同观点的欢迎恰恰是最能增强共识的。差异会受到欢迎，甚至是信赖。伴随着不信任壁垒的倒塌，新的共识将会形成。这种团队的有效性消除了"碎片化、竞争和应激性"的长期制度性机能障碍。（Garmston, 1997, p. 62）

当团队运作顺利并在决策中达成共识时，可见的成就便会出现。团队成员对他们的工作充满热情，并准备好迎接下一次挑战。富兰提醒我们："不是繁重的工作，而是消极的工作，让我们感到疲惫不堪。"（Fullan, 2005, p. 26）感觉有效和能带来可见成果的繁重工作可以激发人们的工作动力、改善人们的精神风貌。这种团队协作会让每位成员感到开心。"我们利用集体的智慧，相互汲取勇气。在这个过程中我们会发现，大家在一起时会很强大。"（McEwan, 2003, p. 80）

脱胎于共识的行动要求我们用感觉奇怪的方式行事。然而，证据是确凿的。这不仅可行，而且有可能让一切都以我们喜欢参与的方式发生。工作有可能再次点燃我们的激情和热情。共识是让这种可能性成为现实的重要途径。

第 **10** 章

强化团队认同：初级策略

本章导语

西方社会近年来一直强调个人主义。责任与义务都只发生在个人身上。如今，特别是当企业界发现团队协作的有效性后，团队协作在工作场所已成为必需。虽然个体担责是不可或缺的，但沟通技巧与有效协作的能力越来越受到人们的重视。然而，对于大多数人来说，团队工作既充满了挑战与陷阱，又充满了希望。

随着团队认同感的增强，团队的效能会进一步得到提升。就像人是一个有机体一样，团队也是一个统一的有机体。肯定和培育这一有机体就能提高团队的生产力。要承认团队的存在，或许要做得"过火"一些才能对抗我们习以为常的个体运作模式。创建团队的连接纽带能戏剧化地向成员展示另一种运作模式。

达成共识就是建立人与人之间的信任和连接。培育团队成员外在的认同感，让团队成员获得相互连接与信任的可能性，是达成共识的基础。团队成员之间的连接越紧密，沟通越顺畅，团队就越有可能达成真正的共识。

53. 团队成员名单

团队合作是一个复杂的过程，一个人没法完成。

——Blake，Mouton，Allen，1987

方法说明

列出所有团队成员的名字是很重要的。这是一份有关具体如何去完成任务的声明。过去，团队成员主要是提供建议；在共享式决策中，团队则要去实际执行任务。团队成员给出的建议或决定有些可能很受欢迎，有些可能不被人们喜欢。列出团队成员的名字能让当前建议、决策和实施的运行机制显得更加直观。

指明团队成员的姓名能在组织机构范围内让更多的人了解正在发生的事情。员工很可能不愿意问管理者某个问题，但他可能很愿意在茶歇时和与此问题相关的同事聊聊这件事。

团队成员名单是新的组织结构图。也许这过于简单，但它意味着当前的建议、决策和责任由团队说了算。此外，这也说明每位成员对于团队的活力与成功都是很重要的。

你知道吗？

- 团队成员名单说明团队需要每个人的参与才能完成任务。
- 随时更新名单意味着团队对大家的成功至关重要。

具体活动

1. 打印一份包含所有团队成员的名单，记得要正确打印大家的姓名。

2. 给团队成员每人都发一份名单。

3. 把名单贴在会议室或能让每个人看到的中心位置。

4. 当人员发生变动时就更新一下名单。

5. 召开团队会议时可以用这份名单来点名。

应用提示

• 当团队首次要做出有争议的决定时，团队成员名单的重要性就变得很突出。过去，组织会指派某位管理者做决定和接受表扬或批评。新的方法意味着有关决定的建议要来自团队并由整个团队或团队代表来审核。

• 很多管理者可能想要把他们的团队从争议甚至敌意中拯救出来。其实对管理者来说，更棘手的是要确保每个团队都有做出明智决定所需要的数据。此时，管理者就该退一步让共享式决策的结果（无论是令人振奋的还是令人纠结的）发生。

实践案例

在引导规划会议时，当做完多轮全员讨论后，组建一些执行计划的工作小组是非常有必要的。在人们准备整个规划文档时，要有一份小组成员名单。这份名单要在工作坊之后保留很长一段时间。

为了顺利进入这种运作模式，有的组织会建议每人至少自愿加入到一个任务小组中。这种方法融合了指派和自愿两种做法。团队成员名单向团队表明共享式决策从列出名单的那一刻起便已开始发生。

54. 队名

依赖型的人需要从他人那里得到自己想要的东西，独立型的人则可以通过自己的努力去获得，互赖型的人会将自己的努力与他人的努力结合起来以取得最大的成功。

——Covey，1990

方法说明

当团队共同工作过一段时间后，为团队起个队名是一种强化团队认同感的有效方式。命名团队是行使团队所有权的一种方式，即承认每个人都是承担特定任务的团队的一员。队名可能与团队的任务有关，这会让团队成员更加关注他们的团队，也可能与团队成员希望团队体现出来的特点有关。

你知道吗？

- 队名可以提醒每位团队成员与别人连接。
- 队名正式定义了团队这一有机体。
- 队名可以传达出团队独有的优势和特点。

具体活动

1. 介绍一下每个团队都有哪些成员，确保每一位成员都被纳入团队。

2. 各个团队一起完成某些规划工作后，由于大家已有过初步接触，所以可以请每个团队用5分钟时间给各自的团队起个队名。

3. 提醒大家队名可以来自团队的任务或团队成员的个性与技能等。

4. 每个团队确定了队名后，让大家聚在一起听听各个团队的分享。

5. 为每个团队的队名鼓掌或表达认可。

6. 问几个问题回顾一下这个过程。

    （1）团队是如何一块儿起队名的？

    （2）在团队汇报队名的时候，你听到了什么或想到了什么？

    （3）起过队名之后，我们整个团队发生了什么变化？

应用提示

●起队名的另一个好处是，当整个团队听到这些队名时会产生动力、受到鼓舞。

●起队名不需要很长时间。把起队名与其他团队认同活动结合起来使用会带来更多创意。

实践案例

有时，组织发展的年度主题或刚做过的演讲主题能给人们带来起队名的灵感。某个组织的总监以大雁为主题做了有关团队合作的精彩演讲。他谈到头雁后面的大雁总是用号叫来鼓励头雁。后来，在团队起队名时，有个团队就起了"号叫者"的队名，以此希望在完成任务时团队成员可以持续地相互鼓励。这个队名非常管用，每当团队成员听到它时，不仅会想起团队所承担的任务，还能想起团队希望完成任务的方式。

另有一个团队用每个人姓名的前两个字母起了一个队名：Sue，Mary，Jane 和 Marilyn，即 SUMAJAMA 团队！

55. 队标

关键问题在于各部分如何共同行动——参与。这是生产力、创造力和满意度的核心问题。

——Blake，Mouton，Allen，1987

方法说明

前面的队名活动利用了人们的语言智能。将团队认同转化成视觉符号则是利用视觉—空间智能来加强团队认同的另一种方式。

一旦创建了队标或其他的团队标志，它就可以成为会议室里永久的陈设。队标能反映出团队想要什么。

队标还可以作为提醒团队以大局为重的工具——为什么大家要去做这些平凡的日常任务。瞧一眼队标就能让团队成员与他们的初心连接起来。

你知道吗?

- 队标能够大张旗鼓地向同伴小组及同事彰显一个团队的伟大。
- 队标可以体现团队任务或团队显著的特点。
- 展示队标比展示文字更容易提醒人们团队任务的重要性。

具体活动

1. 提前准备好适当的材料以协助每个小组做好该活动，如白板纸、马克笔和胶带等。

2. 给每个小组 10—15 分钟来创建各自的队标。

3. 提前让每个小组选一位汇报人（提醒他们每个小组都要"上台"汇报）。

4. 走动并留意各个小组的进展，以此判断还需要多长时间。

5. 让各小组汇报前先介绍一下自己的队名。

6. 用适当的方式认可一下每个小组的汇报。

7. 全部结束后，问1—2个回顾性问题。

    （1）这件事情容易的地方是什么？

    （2）困难的地方是什么？

    （3）哪个队标引起了你的特别注意？

    （4）看到这些队标时，你认为它们在传递什么样的信息？

    （5）做完这个活动后，你对自己的团队有哪些新发现？

应用提示

    ● 认同不会自然发生，它需要直接的鼓励，也许有些人以前从未真正在团队中工作过，因此要在团队工作流程中纳入强化认同的工具。

    ● 鼓励每个团队尽可能用视觉化的方式来呈现队标。

    ● 有些团队真的能从这样的活动中建立起来，它是真正认同的来源。

实践案例

    一位引导者与来自某座小城市的许多学校展开了合作，小城北部的团队不仅用"北极星"作队名，还在队标中放上了星星。另外一个由数学与科学教师组成的团队，在小组队标上放了很多数学和科学符号。

    有些队标非常精致，几乎可以当作艺术品。当团队分享完他们的队标后，团队的士气变得异常高昂。

56. 团队座右铭

整体大于部分之和。团队表现超过个体贡献之和——那是……当团队合作变得令人惊叹时。

——Blake，Mouton，Allen，1987

方法说明

座右铭或口号是团队认同的另一种方式。一个短语或句子可以抓住团队任务的关键信息或总结出团队的希望与愿景。

座右铭或口号能让人感到乐观，没有人愿意用令人沮丧的词当座右铭。该方法是一个宣扬肯定式团队精神的工具。选择座右铭的过程可以帮助团队用语言的力量来聚焦团队的独特精神。

你知道吗？

• 团队的座右铭能用几句话概括出团队的全部。

• 人们在压力和困难时可以记起团队的座右铭，它能为团队提供继续工作下去直到完成任务的动力。

• 简短、写得漂亮的团队座右铭是令人难忘的。

具体活动

1. 提前准备一些座右铭或口号的例子。也可以请团队成员分享一些别的公司或广告中吸引人的口号。

2. 给每个团队 5 分钟想一想自己团队的座右铭或口号。

3. 让每个团队提前选定一位代表向大家分享他们的答案。

4. 各个团队做好后，请汇报人向全体分享。

5. 最后，用1—2个问题回顾整个过程。

（1）你记住了哪一个词或短语？

（2）你喜欢哪一条座右铭？

（3）这些座右铭或口号传递出哪些重要主题？

应用提示

● 由于团队认同活动的巨大价值在不断显现，所以在众人面前展示队名、队标和座右铭会进一步提升团队的能量。每个人都会被团队的创造力和精神所鼓舞与赋能。

● 可以看出，这些活动都无需很长时间。在 90 分钟的会议里，你只需 10 分钟就可以点燃团队士气，让一场无聊的会议变得热烈起来并与众不同，这会让参会人感到焕然一新和充满能量。

实践案例

一些国家机构提出了"科学很重要，数学是关键"的口号，它将会被人们在很长一段时间内记住。此外，它也在提醒人们科学和数学都很重要。

前面提到的北极星团队创建了"繁星必将闪耀"的口号。这个口号说明团队打算开展一些有吸引力的活动。另一个团队的口号是"每个孩子都是我们的赢家"，体现出团队希望每个学生的天赋都能被发现和释放。

繁星
必将
闪耀

每个孩子
都是我们
的赢家

57. 队歌

只有当对团队成果的关注能够与成员间的信任和相互支持结合起来时，协作才有可能出现。

——Blake，Mouton，Allen，1987

你可以在很短的时间里带领团队编好一首自己的队歌。选择一段旋律，针对团队的历史、角色或特点快速地进行头脑风暴，把它们拼在一起写成队歌。挖掘团队的创造力就可以想出符合旋律的歌词。歌曲可以是一个小节、一个小节加一段合唱或几个小节等多种形式。

我们知道歌曲能够以文字所不具备的方式传递感情与承诺。队歌能够把诗歌的力量与音乐的精神融入团队。就像团队口号一样，真想写一首负面的队歌还是挺困难的。队歌既能够反映团队任务的重要性，也可以表达团队成员在一起工作时对彼此的欣赏。

你知道吗？

- 即使不擅长音乐也可以编写队歌。
- 队歌比词汇更能促进连接。
- 当队歌被其他人听到时，人们会表现出对团队创造力的欣赏。

具体活动

1. 让团队成员选择是创作歌曲、说唱还是团队欢呼语。为这个活动预留大约 20 分钟。

2. 头脑风暴一些能描述团队在一起工作的想法和词语。这是一个提及团队近期成就的好时机。

3. 在白板纸上头脑风暴一些大家熟知的既好唱又积极乐观的曲子。

4. 列出几首曲子，让大家从中选择一首。

5. 选好之后，与大家一起给歌曲设定小节。分小节就是在每节的文字下面画一条短线。例如，YAN KEE DOO DLE CAME TO TOWN① 有 7 个小节。

6. 分好小节后，问大家："我们要怎样开始创作？"

7. 让大家用之前头脑风暴出来的想法或此时产生的其他想法来慢慢填词。

8. 打磨几次。

9. 每填好一个小节，就让大家试着唱一唱，听听怎么样。这可能会带来进一步的修改或是促使团队接着再写一个小节。

10. 听到其他团队的队歌也会激发本组创作队歌的热情。

11. 每个团队唱完队歌后，给予掌声鼓励。

12. 最后问 1—2 个回顾性的问题。

（1）关于这个活动，你喜欢哪个环节？

（2）在写歌词的时候，你有什么发现？

（3）在大家创作歌曲时，你对自己或团队有什么新的发现？

13. 稍后，让各个团队唱出自己的队歌。

应用提示

• 这个活动适合已经共同工作过一段时间的人们，可在团队成立两三个月后使用。这个活动或许不适合那些认为唱歌是浪费时间的团队。许多人不喜欢唱歌或认为让团队唱歌显得有点傻，然而，在很多文化里，人们意识到歌曲对于凝聚团队精神是非常重要的。

• 当团队陷入困境或遇到问题时，唱唱队歌往往就能帮大家打开思路。

实践案例

许多教师和商人在威斯康星州阿普尔顿的合作项目上一起工作。这

---

① 译者注：扬基歌（又称"洋基歌"），美国爱国歌曲，曾被多次改编，此为其中的一句歌词，大意为"扬基傻瓜进城来"。

些合作项目是为了在阿普尔顿创建"商业教育伙伴关系"。在第二次大会期间，有一个小组写了一篇故事，另一个小组创作了一首歌曲——《嘿，瞧我》。

嘿，瞧我
瞧我们做了什么
我们得到很多想法而且非常有趣
助力村庄发展
还有企业和学校
父母与孩子
我们都是一家人
（此处有表演……）

现在
让我们展望未来
我们有很多要事去做
跟进与分享
总有新项目
合作伙伴项目
让我们开始前行
所以，让我们努力工作
我们就是未来
我们是一家人

58. 团队仪式

生命本质上是高度互赖的。试图通过独立获得最大效能就好比是用一根纯金打造的高尔夫球杆来打网球一样——你的工具与现实不符。互赖是一个更成熟、更先进的理念。

——Covey，1990

方法说明

简单的仪式会在团队工作中自然而然地浮现。领导者不用刻意计划，它们往往会自然发生。聪明的领导者会让其继续发展下去。

有时候，团队仪式可能就是在某些类似情况下一次次重复出现的某个词、短语或发生在某位成员身上的事情。所有这些都有助于强化团队认同，使其成为一个独特的团队。

你知道吗？

- 有些非常好的团队仪式是自然出现而非刻意创建的。
- 团队仪式往往会在团队取得不可思议的突破或成功时出现。
- 由于团队仪式总是与突破或胜利有关，因此它能间接地激励团队。

具体活动

这个活动能将那些在团队中扮演独特角色的姿势、短语或物体固定下来，并帮助每一位团队成员彰显各自的特点。

1. 这些仪式常常会毫无征兆地出现，因此无法对其保持警觉。

2. 作为领导者兼引导者，你的轻松与开放的风格能鼓励这种仪式的出现。

3. 当团队在项目上取得成功或实现的突破时，可以利用这种成功带来的积极情绪来组织一次庆祝仪式，比如问大家"有什么动作或词语能够描述我们此刻的心情?"或"有什么动作或词语能用来庆祝我们完成的工作?"。

4. 注意观察人们的对话,如果大家感兴趣,就让团队试着想出一些庆祝的点子。

5. 如果没有,就口头祝贺一下团队的成就,也许以后会有仪式出现。

应用提示

● 有些团队一两周便开会庆祝一下取得的成功,也许是喝杯咖啡、一起吃早餐或外出吃午餐。

● 团队仪式似乎会占用人们完成任务的时间,实际上它能维持人们良好的动力和表现力。聪明的领导者会乐见这种情况的出现。

实践案例

有个团队创造出一种仪式:他们完成任务后,所有成员都会用双手拍打办公桌的中央。别的团队都不这样做,这是属于他们团队的独特方式,每次这样做时都会将团队成员紧紧地连接在一起。

还有一个团队在桌子中间放了一只"愤世嫉俗罐"。每当有人开始发表愤世嫉俗的评论或打断别人时,就得往罐子里投一枚硬币。这个团队很自然地利用这种仪式来提醒大家,增强人们不发表无益或愤世嫉俗评论的意识。

第 11 章

增加支持性连接：中级策略

本章导语

　　连接与团队中的人际关系有关。能感受到连接的人会说："我讲话时能被他人理解。我的想法对团队其他人是有意义的。""如果我遇到了困难，我可以得到支持性的建议。""当我碰到额外工作时，我能找团队的其他伙伴协助我。""如果某人阻碍了团队任务的完成，我会随时给他提供帮助。""我总是与伙伴一起检验新的想法。"这种深度连接会伴随着团队成员间信任的持续增长而出现。

　　协作的团队不仅需要强大的团队认同，还需要相互连接和在工作中彼此互动与相互关联。人们越来越清楚自己可以信任队友，并可以互相依赖。这种连接感不会自然发生，在某些团队中，这种感觉甚至从来就没有出现过。

　　因此，真正的连接成为共识的关键要素。因为真正的连接需要时间，所以共识不会在团队首次聚在一起时就达成。要达成共识的问题越重要，对连接的需求就越大。

59. 成功的团队故事

当人们聚在一起形成团体时，每个人都会带来一套个人的知识、技能、价值观和动机。这些因素相互作用会形成一个要么积极要么消极的集体。

——Blake，Mouton，Allen，1987

团队和个人一样，拥有自己独特的故事，这些故事可能是有意塑造的，也可能是在不经意间形成的。"成功的团队故事"这一方法能让人们意识到团队故事的存在，并让团队在成功的故事所赋予的能量中运作。具体来说，这一方法能帮助团队撰写自己的故事。

塞尔德曼（Seldman）在《自我对话：销售获胜的边缘》（*Self Talk：The Winning Edge in Selling*）一书中提醒我们，自我对话与个人的销售业绩有关，然而他的见解不仅仅对销售和个人有价值——"那些我们内心坚信并常会讲给自己听的话会快速而强烈地影响我们自己的感受和行动"（Seldman，1986，p. 10）。有关团队自身口头或非口头的、书面或非书面的故事会直接影响团队自身的表现。

这一方法能让团队的故事变得更加清晰，并通过强化团队成员之间的连接来提高团队的工作效率。

你知道吗？

• 当前路崎岖时，成功的团队故事能让人们看到过去的成功和未来的希望。

• 成功的团队故事能将当下的时刻变成一幅广阔的图景。

• 即便有些人的任务完成得不好，也应该在故事中被提及，因为他们是获胜团队的一员。

1. 准备好白板纸、马克笔、胶带、铅笔和纸张等材料。

2. 用故事中的角色来交代一下背景。你可以向团队提出以下问题：

   （1）你曾经在哪些成功的团队里工作过？

   （2）对于这些成功的团队，你能回想起他们曾有过哪些让自己获得成功的故事？

3. 和团队一起，对以下三个维度分别进行头脑风暴。

过去	现在	未来
（发生了什么；我们过去的成就）	（正在发生什么；我们目前面临的挑战）	（我们想去往哪里；未来的成功）

4. 将团队分成三个小组，每个小组负责一个维度。

5. 让各组用 10—15 分钟为所选维度写一段话，写在白板纸上。

6. 让每个小组派一位代表读一下本组的创作。

7. 读完整个故事后给予鼓掌感谢。

8. 结束时问几个回顾性的问题。

   （1）你记住了故事中的哪些词或句子？

   （2）你最喜欢故事中的哪些地方？

   （3）故事反映出我们是一个怎样的团队？

   （4）你认为我们要怎样对待这个故事？

应用提示

- 这个活动可与创作队歌的活动（参见活动 57：队歌）一起使用。

- 把故事打印出来并发给每位团队成员。每读一次故事，人们都能体会到团队存在及大家连接在一起的理由。

实践案例

在威斯康星州，有个团队在创建当地企业与学校的商业教育伙伴关系，团队成员称其为"伙伴项目"。在项目实施一年后，团队成员写了如下关于团队工作和角色的故事。

行动进展——新视野

社区状况

曾经，在福克斯河岸有一座充满活力和不断发展的城市，如今它面临着提高自身地位的挑战。

社区民众认识到这座城市的不足。人们最关心的是少数没有成功的孩子。有些孩子没有形成职业道德，有些孩子缺乏基本技能，有些孩子辍学了，还有些孩子没能充分发掘出自身的潜力。

社区民众认为有必要做出改变……，希望能"呼吸到新鲜的空气"。商界和教育界都看到了这种需求，并意识到商界是公立学校尚未开发的资源。大家发现，需要建立一个团队，共同致力于找到既利于商界、教育界和社区，又利于孩子发展的解决方案。

第一年的成就

一年前，我们召开了第一次伙伴关系大会。在那次会上，我们明确了需求并想出很多点子。

后来，我们一起设计了一个标志，这为伙伴项目注入了能量。

我们还举办了丰盛的午餐美食会。随着举办职业节、不断更新参观活动和设立演讲局，项目开始得到越来越多的人关注。在工作中跟岗、为教师做演讲、出席全国研讨会……，第二次伙伴关系大会为今年的工作带来了长远的意义。

言必行，行必果。

希望和梦想

我们的理想是把大大小小的企业与教育系统连接起来，把美好的未来带给年轻人。未来包括认识到他们自己的能力以及他们如何为社会做出贡献；感到自己是有用的，做的事情是富有成效的，最重要的是，觉得自己是被社区需要的。

60. 领导权轮换

> 规模适中、以任务为导向、半自治和以自我管理为主应该是团队构建的基本要素。

> ——Peters，1987

所有带领和支持会议的角色都可以在团队成员之间轮换和共享。台前的带领者、会场布置者、会议记录者、茶点准备者、会后清理者——所有这些角色都可以被指派，并用轮换机制让大家分担。

轮换是训练每个人承担团队不同职责的好方法。例如，如果新指派的引导者不会带领会议的某个环节，那此刻就是对其进行辅导的好时机。任何有经验的人都可以指导这位新任的会议带领者。

轮换对于有些人可能会有难度。如果团队能成功做到这一点，轮换就能展现出另外一种横向的团队结构，这与传统的科层式结构完全不同。

这种方法不仅能训练人，还能发挥每个人的独特技能和优势。通常，如果人们不是被要求做某事的话，他们就懒得把自己放在主要位置。

此外，轮换还表明管理者也愿意布置一下会场、为大家提供些茶点、清理一下房间或事后帮大家洗洗碟子等。这种意愿强有力地说明：位高权重者一样要面对完成任务的烦琐事务。

你知道吗？

- 领导权轮换证明团队成员对彼此的能力非常信任。
- 领导权轮换能发挥团队成员被埋没的才干。
- 领导权轮换可以为团队持续赋能。

这个活动需要团队共同制订领导权轮换表。虽然一个人就能完成，但是让团队一起做会强化大家的认同感。

1. 说明每个人都可以扮演任何一种角色。

2. 头脑风暴出开会时需要的各种角色和任务（如布置会场、带领讨论、秘书、撰写报告、清理房间、准备茶点等）。

3. 在大白纸左侧纵向列出一份清单。

4. 在白板纸上方横向列出未来8—10次会议的日期。

5. 让团队决定怎样填空（随机轮换或自愿签名）。

6. 打印表格并在下次会上发给所有人。

7. 如果出现任何冲突或困难，由每个人自行负责调整或更改。

8. 说明每次开会时，如果人们在履行任务时遇到了问题，可以找谁去确认。

应用提示

● 如果有人强烈抵制这种做法，那就变通一下。领导权轮换是创造机会而非硬性规定。

● 轮换的另一种方式是将团队分成小组，把会议职责分配给小组。如果有人无法完成职责，那就由小组负责完成。要么继续鼓励这个人做，要么让其他想做的人做。

● 轮换需要清楚地写明各种角色的责任以及如何去扮演好角色。

实践案例

在大型组织中，很多真正的培训通常会发生在小团队中，这些团队每周轮流担任各种职责和任务。在连接紧密和积极高效的团队中，老员工特别乐于帮助新成员。

有一家组织，他们所确定的轮换角色的职责包括发会议通知、引导会议之初的焦点讨论、带领主要的讨论环节、记录和分发会议记录、布置会场和会后清理房间等。

61. 开场热身对话

互赖是我们的范式——我们可以做到这一点。我们可以合作。我们可以结合彼此的才干和能力共同创造更大的事业。

——Covey，1990

方法说明

即使会议只开 60—90 分钟，利用简单的对话开启会议仍是很有必要的。可以是全员对话，也可以是让相邻的两个人简单地聊一聊。主题可以是团队的关注点、当下的热点或一般性的议题。

很多人都是从忙忙碌碌、满满当当的日程中赶到会场的。开场热身对话不仅是为互不认识的人们破冰，更是要让相互熟悉的人们转换场景从而专注于会议主题。

此外，它还能提供一对一互动的时间，这有利于缓解繁忙工作给人们带来的紧张情绪。哪怕只是花一点时间和别人分享一些想法或经验，对我们所有人来说都能够消除疲劳。另外，让团队成员彼此连接，也会暂时性地为后续议程展开所需的协作与共识奠定基础。

你知道吗？

- 开场热身对话为团队搭起一座连接个人工作时间与团队工作时间的桥梁。
- 开场热身对话让人们有合适的机会释放一天的挫败感，从而为接下来的会议注入更多积极的能量。
- 开场热身对话有时能间接地引出团队会上要讨论的焦点或问题。

具体活动

1. 你自己先回顾一下本次会议的具体任务，问自己以下问题。

（1）针对这项任务，是否有适合讨论的问题或主题？

（2）团队最近的情绪状态如何？是否有什么重要问题或主题让人们感到超负荷？什么样的问题能让团队成员有机会探讨他们对这个话题的关注与感受？

（3）当前是否有某个事件吸引了人们的注意力和工作精力？

2. 用一句话开场，向人们提出问题，让大家先在两人或三人的小组里讨论4—5分钟，然后询问大家有谁愿意分享一些他们谈论的内容（当然，如果涉及私密信息就别再重复了）。

3. 另一种做法是向整个团队提出问题，来一场全员对话。

4.7—9分钟后，团队就会进入开会的状态，此时大家才算真正进入会场并与他人建立起连接。

应用提示

• 在任务导向的会议召开之初，人们未必习惯这种简短的对话。因此，使用这个方法时，切记要选择与议程相关的安全问题。

• 随着时间的推移，人们会期待类似的互动。

• 用好这个对话在于带领者对使用它感到舒适以及有增强团队连接的信心。

实践案例

以下是可以用于这一活动的问题清单（只提一个问题就行）。

1. 你曾经工作过的最棒的团队是哪个？它有什么特点？

2. 最近有什么让你高兴的事？

3. 关于即将举行的重大活动，有什么让你感到忧虑的？

4. 你曾经在什么时候不得不去做快速的思考？

5. 你知道谁做事最有条理？有条理的人具备哪些素质？有哪些方法能让人们富有条理？

6. 关于我们的团队，你最近学到了什么？作为一个团队，我们有哪些好的品质？

7. _____（说出一个当前的事件）是如何影响你们

的？人们应对它的有效方法有哪些？

　　在一场令人沮丧的国际危机中，团队成员被分成若干个两人小组展开讨论。当团队重聚在一起时，很多人说他们感到非常无助。当被问及"在这突如其来的危机中，我们可以做出哪些有益的回应？"时，有人提出了一些很好的建议。当意识到自己能做点什么时，团队的情绪发生了改变，人们又将注意力集中到了会议上。

62. 二或三人头脑风暴

当人们能够通过努力克服困难、解决复杂的问题并得到比没有共同努力更好的结果时，人们就会感到非常满意。

——Blake，Mouton，Allen，1987

方法说明

有些领导在开会时可能会说："各位，现在有个问题，看看我们要怎么办？"或"这是我的看法，你们的意思呢？"。这种情况下，通常回应的会是那些爱说或思维敏捷的人，而团队中很多人的思考则会被排除在外。

相反，如果在提出问题后，先让人们单独思考一会儿，给大家在二或三人小组里讨论的机会，就能为团队的初期连接和早期共识创造机会。这意味着建立共识的全部负担不会落在带领者与整个团队的互动上，有些想法可能在二或三人小组讨论时就被强化或被淘汰掉了。

你知道吗？

- 有些人更愿意把自己融入二或三人小组而不是大团队中。
- 二或三人小组能开拓个人的思路。
- 有些人会在二或三人小组内说些在大团队中不适合讲的话。

具体活动

1. 说明你想让人们思考的重要问题，强调一下它的重要性。例如：

"公司正在进行重组，我们考虑将两个部门合并，并建立一个重新调配任务的模型。你认为我们要在这个过程中采取哪些步骤？"

2. 分享相关信息。例如：

"这份财务和市场分析报告有助于你理解它的重要性。我们希望整个过程能在一年内完成。"

3. 让人们花 3—4 分钟思考，并写下自己的答案。你可以这样说：

"在接下来的 3—4 分钟内，请写下 4—5 个你自己认为合并这两个部门要采取的步骤。"

4. 把团队分成二或三人小组来讨论各自的答案。

"请在二或三人小组内讨论你们的最初想法，然后集体分享 5—6 个小组内部产生的答案。"

5. 邀请小组分享他们的答案，在白板纸上列出头脑风暴清单，或是用 A5 卡片开展完整的共识工作坊。

应用提示

● 很多时候，我会让就近的二或三人围坐成小组。

● 如果要在一次工作坊或会中多次使用这种小组，可以通过报数或每组各出一人的方式来重新分组。

实践案例

对于只有 4 个人的团队来说，你也许想要跳过二或三人头脑风暴的环节，直接从个人思考到团队一起讨论。但是，如果没有中间的环节，4 个人讨论可能会花掉 30—40 人采用二或三人小组讨论的两倍时间，把时间花在二或三人小组里有助于后续讨论和顺利达成共识。此外，4 个人会有多种不同的组合方式，能为不同想法与观点的生成提供丰富的可能性。

63. 让差异可视化

只有当我们重视认知上的差异，相互尊重并相信彼此都可能是对的，承认生活不总是"要么……要么……"的二元模式，总还会有第三种选择时，我们才会真正超越外部条件的限制。

——Covey，1990

方法说明

在这个瞬息万变的世界里，许多有着不同动机、价值观和文化背景的人经常被放在一个团队中，在看似不可调和的观点与做事方法中工作和解决问题。对这类情况最常见的回应就是否定或公然的冲突。通常否定会一直持续，直到有团队成员进入僵局或出现突破点。然后，也许在没有任何征兆或警告的情况下发生激烈的冲突。

这一方法建议团队通过明确表达不同的观点来弥合差异，其基本假设就是每种观点都是有价值的，并且都对团队的全面运作至关重要。这一方法采用图形工具（如变形的维恩图）来展现差异。然后，提出恰当的问题以帮团队回顾和反思他们的发现。

你知道吗？

- 拒绝分歧会加剧引发冲突的力量。
- 意识到差异有助于我们减少对差异的陌生感。
- 为不同视角的特点命名可以直观地提醒我们，团队需要不同的视角来完成工作。

具体活动

1. 如果团队中已经发生了冲突，可以发起一次关于"发生了什么"的对话。问："冲突通常是如何从我们当中浮现的？我们通常会如何对待冲突？当冲突持续发生时，我们完成工作的能力会发生怎样的改变？"

2. 如果团队认为冲突源自成员之间不同的观点，那就建议大家直接看一下这些观点。

3. 在白板纸上画 3—4 个彼此相交的大圆圈，每个圆圈代表一种视角（见下图）。在每个圆圈的空白处写上不同视角的具体内容（元素）。这里的窍门是要用客观而非评判的词语描述这些内容。在观点都被澄清之后，为不同视角的特点命名。

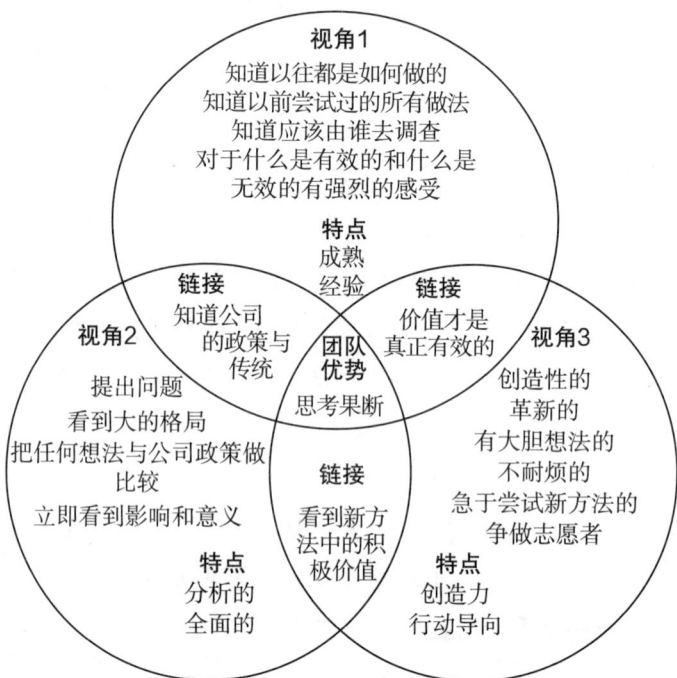

视角1
知道以往都是如何做的
知道以前尝试过的所有做法
知道应该由谁去调查
对于什么是有效的和什么是
无效的有强烈的感受
特点
成熟
经验

链接
知道公司
的政策与
传统

链接
价值才是
真正有效的

团队
优势
思考果断

视角2
提出问题
看到大的格局
把任何想法与公司政策做
比较
立即看到影响和意义
特点
分析的
全面的

链接
看到新方
法中的积
极价值

视角3
创造性的
革新的
有大胆想法的
不耐烦的
急于尝试新方法的
争做志愿者
特点
创造力
行动导向

4. 一旦区分出彼此的差异，就让团队命名任意两个视角间的共性特点。

5. 最后，再处理所有视角的交集部分。所有视角的关联是什么？这些关联揭示出我们团队的哪些优势？

6. 活动结束前，退后一步提 1—2 个问题，帮助团队回顾发生过的事情。

（1）在我们做这项活动的过程中，你注意到了什么？

（2）我们在哪里进展得顺利？在哪里进展得有些困难？

（3）在我们开展这个活动的过程中，团队发生了什么变化？

（4）这项活动是如何帮助我们处理彼此分歧的？

● 这个活动既能在冲突爆发前使用，也可以在冲突爆发后使用，但不能用它解决正在爆发的冲突。

● 有时你可以为某些观点做个幽默点儿的命名，当大家再发生冲突时，你就可以用幽默的方式提及冲突并以此来消除冲突的负面影响。

● 对有两种或多种不同文化且尚未习惯共同工作的团体也可以使用这个活动。当习俗和观点被隐藏时，团队成员之间的距离就会加大。让团队成员在对话中充分表达观点可以揭示出观点背后真正的用意。通常这些价值观可能就是真正连接的来源。换句话说，不仅要知道不同的习俗，还要知道这些习俗背后的原因。有些我们不熟悉的习俗，在了解了背景后可能会变得很有意义。

实践案例

某个团队中的成员彼此相处起来有些困难。他们请来一位顾问做如何解决分歧的培训。这位顾问为他们介绍了六项思考帽的方法。举例来说，如果你想说说可能遇到的风险或挑战，说话时就戴上黑帽子。如果你对某件事情感到特别愤怒，那说话之前就戴上红帽子。如果你想提一些富有创意、可能的或有趣的新点子，就请戴上绿帽子。如果你要分享某些信息或事实，就戴上白帽子，等等。让我感到震撼的是，六项思考帽的方法非常具体和巧妙地反映了每种视角的特点。更重要的是，不同颜色的帽子会告诉我们，要在不同时候体现不同角色。

64. 团队庆功会

> 许多人被规训得只会做辩护式和保护式的沟通，或认为生活与别人都是不可信的。

> ——Covey，1990

方法说明

举办团队庆功会的方式有很多种，不管用什么方式，重要的是要有这样的庆祝活动。庆功会可以很简单，也可以很复杂。庆功会可以是提前计划的，也可以是团队即兴产生的，重要的是要让庆祝活动发生。

对于二三十人的团队要时不时地庆祝一下，我建议5—10人的小团队也要时不时地用某种方式庆祝一下。没有必要去精心设计，简简单单就好，庆祝活动本身很重要。

庆祝活动会向团队成员表明，他们是有价值和高效的。庆功会能打破常规，让人们保持继续前进的动力。

你知道吗？

- 即使小小的庆祝活动也能提升团队的精气神。
- 庆祝活动可以用不同于讨论和团队合作的方式给人们带来连接。
- 庆祝活动的多样性会增添团队的热情和兴奋感。

具体活动

以下是任何庆祝活动中都可以包含的关键要素。庆祝活动可以安排在定期的团队会或专门的庆功宴会里。

1. 给团队一些时间让各个团队列出所取得的胜利与成就。
2. 找个地方让团队列出或展示这些成就，让每个人都看到。
3. 让每个团队读出他们列出的成就。

4. 允许任何人为其他团队补充内容。

5. 退后一步反思这些成就带来的影响，以下问题可能会有帮助。

 （1）哪些成就让你感到惊讶？

 （2）如果不说一说，你可能忘了哪项成就？

 （3）你特别喜欢哪些成就？

 （4）哪些事情做起来容易？哪些事情做起来有些难？

 （5）取得这些成就后，我们新的处境是怎样的？

 （6）这个庆祝活动预示着我们下一步要做什么？

应用提示

- 团队的日常运作很难让人们将注意力放在进展顺利的事情上。

- 庆功会可以在某个时段结束后举行，比如季度末或年中，也可以在某个长期项目结束时，或是提案被采纳以及团队刚刚获奖时。

- 庆祝活动要与日常活动有所不同。

实践案例

有个团队用一顿"百乐午餐"来庆祝他们完成了头 3 个月的计划。

有个团队用一起看电影的方式来庆祝项目的完成。

有所学校用邀请州长讲话的方式来庆祝他们从本州高风险学校名单中除名。

有些公司用邀请管理者或首席执行官陪大家吃饭的方式来庆祝团队的胜利。

有些公司会资助获奖团队公费旅游。

有个团队用组织人们观摩有助于提高工作效率的新技术来进行庆祝。

第 12 章

促进团队反思：高级策略

本章导语

　　反思是退一步思考自己在做什么、怎么做的，以及回想合作者情况的机会。很多人把它作为会议或活动的"回顾"部分。

　　反思是一个建立连接的过程，它让人们有机会将正在发生的事情与生活中过往的想法或经历连接起来，让人们有机会把从前没有表达出来的想法和感受彼此连接起来，并给人们机会说出自己一直纠结的问题。

　　当这些连接发生时，在团队内部达成深度共识的可能性就会呈指数级增长。能够感受到这种连接的人们就可以看到通常被忽视或无法想象的那些达成一致的机会与可能性。因此，促进团队反思对于团队创造和扩大真正共识有着深远的影响。

65. 回顾伙伴

团队合作或许是领导工作中最有挑战的部分。首先，成功的团队合作是取决于个人建立关系的能力，使团队成员能够一起工作。

——Lambert，2003

这个活动建议引导者采用参与者结对的方式，对团队的规划或执行情况进行反思或回顾。虽然持续的时间很短，但这个活动能帮助大家花点时间退一步理解正在发生的事情。

你知道吗？

• 有些人会感到在大组里发言很困难，有些人甚至在 4—5 人的小组里发言都觉得有挑战。这个活动能赋予每个人在团队规划与合作中发表个人意见的机会。

• 这是一个很棒的结束会议或某个活动环节的方法，能够起到向后续环节过渡的作用。

具体活动

1. 让每个人选一位伙伴，最好是他们还不太熟悉。

2. 两个人可以选择站着或坐在座位上。

3. 向大家提一个反思性的问题，然后让他们相互交流，例如：你认为我们今天做出的最重要的决定是什么？今天会上让你感到高兴的是什么？今天团队在哪里感到有些纠结？今天你本可以在哪里做得有所不同？

4. 当伙伴聊过 3—4 分钟后，请 3—4 位代表为大家分享一下他们聊过的内容。

● 如果你正在带领为期一两天的规划会议，最好让大家在同一天与同一位伙伴进行回顾。如果团队每一两周就要定期开会，那就让大家这几周与一个人结伴，过几周再与另一个人结伴。

● 这个活动还可以用在培训中帮助学员做总结。

实践案例

以下是这个活动结束时人们的一些观点：

"这个活动帮助我理解了刚才发生的事情。"

"我的伙伴给我带来一些开阔思路的想法。"

"伙伴为我澄清了一些让我一直感到困惑的事情。"

"只跟一个人说话让我觉得很放松。"

"这个活动帮助我拓宽了下一步怎么做的思路。"

66. 内容回顾

当你与他人展开协作沟通时，你就会对新的可能性、新的替代方案和新的选择有了更为开阔的视野，并对它们持更为开放的心态。

——Covey，1990

方法说明

回顾伙伴是一个两人之间的回顾活动，而本方法则适用于整个团队。当某个演讲结束时，要了解大家对内容的理解程度，带领者可以让大家退一步进行内容回顾。也许是大家刚看过的一段视频、刚听过的某位演讲者的发言，也许是你让大家在会前读过的一篇文章。通过这样的对话可以告诉你，哪些内容需要复习，哪些内容已被大家很好地掌握了。这是一个通过将自身的想法与经验联系起来，让所学得以内化的机会。

这也是人们通过连接他人对信息的见解来扩展个人对材料的理解的机会。

你知道吗？

- 内容回顾能帮助人们把收到的信息转化为自己的信息。
- 内容回顾有助于人们将收到的信息应用于自己的生活情境。
- 内容回顾还向所有人表明，团队成员对所获取的信息有着不同的理解方式。

具体活动

这是一个针对刚刚结束的演讲所做的引导式讨论。

1. 在演讲之前，跟大家强调一下主题的重要性，提醒人们留意自己感兴趣的内容，以便稍后在讨论时分享。

2. 演讲结束后，提几个问题，对每次提问保持大致相同的节奏。

（1）你记住了演讲中的哪些字词或短语？（如果是观看视频，可以问：你记住了哪些人物或场景？）

（2）演讲中的主要观点有哪些？

（3）你对什么感兴趣？什么让你感到惊讶？

（4）什么观点听起来让你难以理解？你对哪个想法感到有些纠结？

（5）其中哪些内容超出了你已有的经验？

（6）从整体上来看，这个演讲传递出哪些重要信息？

（7）在你脑海里浮现出哪些问题（或疑问）？

（8）还有谁需要听到或看到这个演讲？

（9）这个演讲将会对你们产生怎样的影响？

3. 让大家对每个问题给出几个答案，然后再提出下一个问题。

4. 大概 15 分钟后，就可以结束讨论并进入下一项议程了。

应用提示

● 注意，提问的顺序能促使人们参与。

● 你可能想跳过问题（1）（2）和（3），因为它们看起来很简单。但是，从这些问题开始有助于确保每个人都理解了演讲中的客观信息。

● 你可能会记得自己曾经带领过直接从问题（5）（6）或（7）开始的讨论。有些团队可能很难进入这一层次的对话，有些团队可能会忽略前面这些问题所呈现的基本信息直接跳进不同观点的讨论。然而，这种对话最终可能会让人们感到彼此分裂而不是聚在一起。

● 正如本书中的其他对话一样，在提出下一个问题前没必要让大家回答得面面俱到。不管人们是否大声回应了问题，提问的流程本身就已经构建了反思的过程。

实践案例

一家大型公司要召开改善客户服务的战略规划会议，会前策划者播放了一段关于竞争对手的客户服务的视频。竞争对手关心客户的方式确实引起了每位与会者的关注。在之后 20 分钟针对影片内容的回顾中，带领者帮大家从他们觉得需要改进的地方梳理出了一份令人满意的客户服务改善措施。

67. 会议回顾

真正有效的团队合作就是从承诺、参与、强烈的自主性、良好的探询、公开的鼓励、有效的冲突解决、可靠的决策和广泛的批评中获益。

——Blake，Mouton，Allen，1987

方法说明

无论会议还剩多少时间，退一步回顾一下会议对帮助团队看到会议的整体价值绝对是重要的。会议回顾有助于参与者把会议的重要意义与会议产出或会议决定联系起来。此外，会议回顾也能为结束会议和向后续活动或任务的过渡提供机会。

如果开一个小时的会，你可以用3—4分钟做一下回顾。即使只剩30秒钟，你也可以抛出一个问题来邀请3—4位参与者回答一下。

你知道吗？

• 会议回顾有助于人们理解会议的细节。

• 会议回顾能让人们体会到所花时间的价值。

• 当人们听到别人对刚才所发生事情的看法时，他们对会议的整体印象可能会发生积极的改变。

具体活动

这个活动示范了一种在团队会议结束后立即带领一次简短对话的做法。

1. 宣布完成所有内容并确认好下次开会的时间。

2. 建议大家一起花2—3分钟对会议做个回顾。

3. 选择2—3个问题问问大家，每个问题邀请几位参与者回应后再提出下一个问题。

（1）今天我们在会上完成了什么？

（2）我们做了什么帮助大家得到了这些产出？

（3）你或团队在哪里感到有些纠结？

（4）对你个人来说有帮助的是什么？

（5）我们还可以怎样改进开会的方式？

（6）你会如何告诉别人今天在会上实际发生的事情？

4. 用某种恰当的方式结束会议，例如感谢每个人的参与。

应用提示

• 有很多种退一步做回顾的方式，秘诀在于创造不同的花样，这样人们就不会厌烦。

• 重视回顾的过程比回顾所花的时间重要。

• 你还可以适时地让团队思考一下这些回顾性问题的意义。

实践案例

有位教师列过一份多达 25 个回顾性问题的清单。每次做回顾时，她手头都有很多问题。以下是几个我从清单中挑出并修改过的问题。

（1）我们启动这个项目的时候是容易还是困难？为什么？

（2）我们的会议在哪些地方是聚焦的？哪些地方跑题了？这告诉了我们什么？

（3）这次会议让你回想起了什么？

（4）描述一下会上做过的脑力和体力活动，你在什么时候感到焦虑或紧张？

（5）有哪些因素可能影响了我们的会议质量？

（6）有效会议的下一个发展阶段会是什么？

引导者还可以用更轻松的方式提问："如果我们把本次会议视作一首乐曲，那会是什么？"以下是引发出来的一些回应。

"我认为像爵士乐，因为有些地方混乱，稍后又都清晰了。"

"我觉得像交响乐，因为一切都是那样和谐。"

"我看是摇滚乐，因为既生动又有趣。"

68. 团队回顾

相信参与的各方将获得很多洞见，而这种相互学习和获得洞见的兴奋感将会为更多的发现、学习和成长提供动力。

——Covey，1990

刚开始在团队中工作时，经常对团队运作的情况进行回顾和反思是非常有必要的。这一方法可以为团队带来有助于他们共同做好工作的线索。由于美国的文化过于强调个人主义，因此找到团队合作的方法其实非常重要。

此外，使用这一方法的另一时机是在团队有问题要解决时，它能为团队提供诊断问题和找出解决方案的机会。

你知道吗？

- 运转良好的团队不会自然而然地形成，它需要付出艰苦的努力。
- 团队回顾能帮助大家进行自我调整以便让团队工作更有效。
- 团队对自身运作的回顾越多，就越能获得应对现状与促进未来发展的技能。

具体活动

这个活动是指每隔几次会议，团队领导就可以采用某种方式帮大家反思团队运作的情况。本活动中的提问都是针对团队的。

1. 宣布所有的事项，包括下次开会的时间。

2. 建议团队花 4—5 分钟回顾一下团队运作的情况。

3. 选择下面的几个问题，引导大家展开讨论。

（1）我们团队今天的成就有哪些？

（2）我们今天做了哪些不利于团队合作的事情？

（3）我们做了哪些事情使得今天的任务得以完成？

（4）你如何评价团队今天的工作？

（5）我们是如何解决团队合作中出现的第一个障碍的？

（6）作为一个团队，我们可以采取哪些不同的做法来处理当前的任务或工作？

（7）关于真正的团队合作，我们的团队告诉了你什么？

4. 如果团队想花时间处理某个问题，那就按团队的想法来。如果能在短时间内解决，就试着帮团队找到解决方案或做出具体决定。如果不行的话，就建议留到后续会上花更多时间去解决。

5. 恰当地结束对话和会议。

应用提示

● 显然，这不是每次团队会上都要进行的讨论。团队成员相处过一段时间之后再用会比较合适。这种讨论也可以用在某段时期结束时，比如季度末或学期末。关键是采取这种方法帮助团队自己找到改进工作和欣赏团队的方法。在激烈的争吵出现之前进行这种讨论是很有必要的。这种讨论与其说是一种弥补策略，不如说是一种预防策略。

● 对于例行的会议，你只需要提一个回顾性的问题就够了。

● 除了回顾与反思外，有些团队可能需要一些能够提高他们解决冲突、细心聆听等技能的具体建议。

实践案例

一位引导者为一个承担复杂项目的团队提供服务，这个团队几乎没有什么经验，引导者觉得有必要经常做这样的回顾讨论。讨论带给他很多新的发现。首先，他看到了团队成员工作时的信心。其次，他能看出谁和谁一起工作会比较合适，谁和谁一起会不妥。最后，他能告诉团队需要调整哪些任务，或谁的任务需要改变。项目结束后，这个团队成了一支非常有凝聚力、非常自信的团队。

69. 日志或日记

大多数有关自我提升的资料都把个人独立作为一切的基础，就好像沟通、团队合作及与他人合作不那么重要一样。

——Covey，1990

方法说明

另一种回顾的方法是写日志或日记。也就是说，你可以通过让人们用3—4分钟写日志或日记的方式来回顾团队会议，而不是大声地进行一场讨论。你可以给团队提供日记簿或可以放到日记中的纸。要知道，写日志或日记可能并不适用于每个团队。顺便说一下，这个活动也间接证明，写日志或日记是退一步思考个人工作或生活问题的好方法。

你知道吗？

- 与交谈不同的是，写作可以给人们提供整理思路的机会。
- 写作能鼓励人们表达出那些可能无法大声说出来的想法和感受。
- 日志或日记可以作为放松心情的工具。

具体活动

这个活动能为人们提供几分钟的时间写下他们在团队工作中正在学习或经历的事情。

1. 强调一下写作的重要性，请团队成员退一步看看正在经历的事情。

2. 向团队成员发放白纸或指导他们思考的问题表。

3. 给大家4—5分钟用来书写。

4. 结束前，请一两位团队成员分享他们写过的一两句话。

5. 感谢大家并结束会议。

• 有些人开始写日志或日记后就会一直坚持下去；有些人写一段时间就停掉了，然后又继续写。千万不要把写日志或日记当成一项规定或纪律。写日志或日记是很有用的一项活动，但人们不应仅仅为了自己而把它们保存起来。

• 有人发现，哪怕只是在日志或日记里放些图片也是很有帮助的。

• 在人们写完日志或日记后，我经常会请 2—3 位成员分享一点他们写过的内容。这个活动除了能给个人带来影响外，也可以用来做一些非常有力量的反思。

实践案例

在为校长们组织的一次会议中，有人认为这种反思活动非常重要，于是他们就为每位校长购买了一本小册子，让他们在会议期间写日志或日记。会议中，他们每天安排一两次时间让校长们在小册子上写东西。

如果你要在持续多天的会议中开展这个活动，你可能要想办法让大家分享一些前面写过的内容，并看看会有什么新的想法、见解或反思出现。

70. 职业动机对话

只有独立的人才能形成互赖的关系，不独立的人是不能形成互赖的关系的，因为他们没有足够的自己。

——Covey，1990

这一方法可以帮助团队成员一起讨论他们一起共事的深层动机。在繁忙的日常工作中，这些问题是很难被谈及的，特别是在面对危机时，人们甚至想不起来思考这样的问题。一场能够帮助人们清楚表达其职业动机的对话会让在场的每个人精神振奋。

虽然这种对话不能改变某些团队整体上愤世嫉俗的态度，但它可以在团队灰心丧气时起到激励的作用。

你知道吗？

- 人们需要不断提醒自己选择这个职业的深层原因。
- 日复一日的消耗很快会让人们偏离职业生涯的深层意义。
- 积极的职业动机对话能够滋养人们的精神。

具体活动

这一引导式讨论会花费 15—20 分钟，它能给人们提供一个谈论深层职业动机的机会。你需要在已经共同工作过一段时间的团队中使用这个对话，你还可以将这个对话作为完整规划会的导入环节。

1. 先从一些简单的问题开始。

  （1）你从事这项工作多长时间了？让我们按顺序听听每个人的工作年限。

  （2）谁从事这项工作的时间最长？谁的时间最短？

（3）你最喜欢工作中的哪些角色或任务？为什么？

（4）你最不喜欢工作中的什么角色或任务？为什么？

2. 接下来问一些更正式的问题。

（1）你在何时或什么情况下想到过放弃，或是想到要去做点别的事情？

（2）当时你对自己说过什么或给过自己什么暗示从而让自己重新回到工作中？

（3）对于那些刚刚从事这份工作的人，你想送给他们的一个建议是什么？

3. 对第二类问题中的（2）（3）问题，各收集 2—3 个答案就可以了。无论如何，要找到一种方式来自然结束对话，并感谢大家分享了他们的想法。

应用提示

• 在人们说出他们从事这项工作的年限时，你需要安排一个人记下这些数字并算出总数。团队成员从事这份工作的总年数会让听到的人们印象非常深刻。

• 虽然这是一次非常正式的对话，但也会有大笑的时刻，这能缓解人们回答问题时的紧张情绪。

• 人们对同事曾经想要辞职或放弃的经历会很感兴趣，但他们也希望听到同事最终选择留下来的原因。

• 选择恰当时机让团队体验这种对话是用好这一方法的难点。

实践案例

一位引导者曾与一个经常遭受反对意见的团队一起工作。他们经常见面开会，制订了很多计划，实际上也取得了一些成功，但始终没有得到足够的外部支持。

突然，有一位团队成员问引导者："你为什么老是建议我们继续做这些事？"引导者本来并没有为团队设计这样的对话，此时她停下来，带领大家开展了一次职业动机对话。以下是团队成员给出的某些观点。

"我这样做是因为我喜欢规划设计新的东西。"

"……因为我很珍惜与他人合作的机会。"

"……因为我想有所作为。"

"……因为我相信我们的社区需要这些工作。"

"……因为未来取决于我所付出的这种努力。"

就那么一小会儿，人们再次建立起大局观。他们重振了士气并重新投入到工作中。

结束语

现在，真相大白了。建立团队共识是一个漫长而细致的过程。有些事情在你做过之后，可以立刻帮团队达成共识。然而，作为领导者，你要有能力分清团队需要对什么达成共识。有些事情可以要求大家在上班的第一天就做，有些事情可能要等大家工作一年之后再做才合适。有些成就可能很快会出现，应该马上庆祝。只要有耐心，团队就可以达成更深层次和更复杂的共识。

很显然，在建立共识的过程中，冲突是不可避免的。即便有了最娴熟的引导和最细致的过程，冲突也可能发生。尽管这一点可能让人难以置信，即当团队看起来要分崩离析时，冲突也可能成为一次机会。冲突可能是团队正在深化或扩大其视野的迹象。通过这种方式，冲突可以指向一个更大、更全面的愿景。

作为本书的结束语，我想说两点。第一点是在建立共识的过程中，作为引导者，你的工作之一就是要持续帮助团队看到他们的想法。当一个团队忘记或忽略了已经想过和当下正在思考的内容时，他们往往会偏离轨道。这就是本书强调要在白板纸或卡片上做记录的原因。这也是我建议你自己写下一些关于事情如何进展的文字，并不断地去反思要如何改进或如何采取不同行动以帮助团队取得突破的原因。你自己关于团队成功和转折点的记录能提醒你团队已经走了多远。

第二点是关于团队的关键角色。你越是鼓励他们，越是给予他们责任和信任，他们就越有机会展示自身的优势和创造力。这种转变会让你更像一位教练或引导者而非管理者。

欢迎大家写信告诉我哪些策略好用、哪些策略无效，你是怎样改进书中的某些建议的，你又是如何受启发从而创造出某些全新策略的。我的电子邮件地址为：Bruce@rbrucewilliams.com。

参考书目

Adams，J. D. （Ed. ）（1984），Transforming work：A collection of organizational transformation readings. Alexandria，VA：Miles River Press.

Adams，J. D. （Ed. ） （1986），Transforming leadership：From vision to results. Alexandria，VA：Miles River Press.

Axelrod，R. （1984），The evolution of cooperation. New York：Basic Books.

Baker，P. J. ，Curtis，D. ，& Beneson，W. （1991），Collaborative opportunities to build better schools. Normal，IL：Illinois Association for Supervision and Curriculum Development.

Baldwin，B. A. （1993，January），The morale fiber. USAir Magazine，16−20.

Bens，I. （1999），Facilitation at a glance. Goal/QPC （1 − 800 − 643 − 4316）.

Blake，R. R. ，Mouton，J. S. ，& Allen，R. L. （1987），Spectacular teamwork：How to develop the leadership skills for team success. New York：John Wiley.

Bolman，L. G. ，& Deal，T. E. （2002），Reframing the path to school leadership. Thousand Oaks，CA：Corwin Press.

Bolton，R. （1979），People skills：How to assert yourself，listen to others，and resolve conflicts. Englewood Cliffs，NJ：Prentice Hall.

Boulding，K. （1975），The image. Ann Arbor，MI：University of Michigan Press.

Buckingham，M. ，& Coffman，C. （1999），First，break all the rules. New York：Simon & Schuster.

Caine, R., & Caine, G. (1997), Education on the edge of possibility. Alexandria, VA: Association for Supervision and Curriculum Development.

Costa, A. L. (1991), The school as a home for the mind. Palatine, IL: IRI/Skylight Publishing.

Covey, S. R. (1990), The 7 habits of highly effective people: Powerful lessons in personal change. New York: Simon & Schuster.

Dickman, M. H., & Stanford-Blair, N. (2002), Connecting leadership to the brain. Thousand Oaks, CA: Corwin Press.

Dressler, L. (2004), The consensus pocket guide: How to achieve high-commitment decisions. Boulder, CO: Blue Wing Consulting.

Fogarty, R., & Bellanca, J. (1989), Patterns for thinking: Patterns for transfer. Palatine, IL: IRI/Skylight Publishing.

Fullan, M. (2003), The moral imperative of school leadership. Thousand Oaks, CA: Corwin Press.

Fullan, M. (2005), Leadership and sustainability. Thousand Oaks, CA: Corwin Press.

Gardner, H. (1983), Frames of mind: The theory of multiple intelligences. New York: HarperCollins.

Gardner, H. (1995), Leading minds: An anatomy of leadership. New York: Basic Books.

Gardner, H. (1999), Intelligence reframed. New York: Basic Books.

Garmston, R. (1997), The presenter's fieldbook: A practical guide. Norwood, MA: Christopher-Gordon.

Gerstein, A., & Reagan, J. (1986), Win-win: Approaches to conflict resolution. Salt Lake City, UT: Gibbs M. Smith.

Glickman, C. D. (2002), Leadership for learning: How to help teachers succeed. Alexandria, VA: Association for Supervision and Curriculum Development.

GOAL/QPC. (1995), The team memory jogger. Madison, WI: Oriel.

Hargreaves, A., & Fink, D. (2004), The seven principles of sustainable leadership. Educational Leadership, 61, 8-13.

Institute of Cultural Affairs. (1973), 5th City Preschooling Institute: An experiment in early education. Chicago: Author.

Institute of Cultural Affairs. (1981), Imaginal training methods. Image: A Journal on the Human Factor. Chicago: Author.

Johnson, D. W. , & Johnson, R. T. (1988, May), Critical thinking through structured controversy. Educational Leadership, 58-64.

Kaner, S. (1996), Facilitator's guide to participatory decision-making. Gabriola Island, BC: New Society Publishers/Canada.

Lambert, L. (2003), Leadership capacity for lasting school improvement. Alexandria, VA: Association of Supervision and Curriculum Development.

Lazear, D. (1999), Eight ways of knowing: Teaching for multiple intelligences (3rd ed.), Arlington Heights, IL: Skylight Training and Publishing.

Lazear, D. (2003), Eight ways of teaching: The artistry of teaching with multiple intelligences (4th ed.), Glenview, IL: Pearson Education.

Lindsay, W. M. , Curtis, R. K. , & Manning, G. E. (1989, June), A participative management primer. Journal for Quality and Participation, 78-84.

Lipset, S. M. (1985), Consensus and conflict: Essays in political sociology. New Brunswick, NJ: Transaction Books.

Mansbridge, J. J. (Ed.), (1990), Beyond self-interest. Chicago: University of Chicago Press.

McEwan, E. K. (2003), 10 traits of highly effective principals. Thousand Oaks, CA: Corwin Press.

Naisbitt, J. (1982), Megatrends. New York: Warner.

Owen, H. (1987), Spirit: Transformation and development in organizations. Potomac, MD: Abbott.

Partridge, P. H. (1971), Consent & consensus. New York: Praeger.

Peters, T. (1987), Thriving on chaos: Handbook for a management revolution. New York: Alfred A. Knopf.

Portin, B. (2004), The roles that principals play. Educational leadership, 61, 14-18.

Rosberg, J., McGee, M., & Burgett, J. (2003), What every superintendent and principal needs to know. Santa Maria, CA: Education Communication Unlimited.

Russell, P. (1983), The global brain. Los Angeles: J. P. Tarcher.

Scearce, C. (1992), 100 ways to build teams. Palatine, IL: IRI/Skylight Publishing.

Schwarz, R. (2002), The skilled facilitator. San Francisco: Jossey-Bass.

Seldman, M. (1986), Self-talk: The winning edge in selling. Granville, OH: Performance Systems Press.

Senge, P. M. (1990), The fifth discipline: The art and practice of the learning organization. New York: Doubleday Currency.

Sher, B., & Gottlieb, A. (1989), Teamworks! Building support groups that guarantee success. New York: Warner Books.

Shields, C. M. (2004), Creating a community of difference. Educational leadership, 61, 38-41.

Sizer, T. R. (1991, May), No pain, no gain. Educational Leadership, 32-34.

Sparks, D. (2001), Conversations that matter. Oxford, OH: National Staff Development Council.

Spencer, L. J. (1989), Winning through participation. Dubuque, IA: Kendall/Hunt.

Stanfield, R. B. (2000), The courage to lead. Gabriola Island, BC: New Society.

Stanfield, R. B. (2002), The workshop book. Gabriola Island, BC: New Society.

Thompson, B. L. (1991, June), Negotiation training: Win-win or what? Training, 31-35.

Thompson, S. (2004), Leading from the eye of the storm. Educational Leadership, 61, 60-63.

Townsend, P. L., & Gebhardt, J. E. (1989, June), Try continuous involvement improvement. Journal for Quality and Participation, 18-21.

Troxel, J. P. (Ed.), (1993), Participation works: Business cases from around the world. Alexandria, VA: Miles River Press.

Umpleby, S. A. (1983), A group process approach to organizational change. In H. Wedde (Ed.), Adequate modeling of systems (pp. 116-125), New York: Springer-Verlag.

Umpleby, S. A. (1991), Methods for making social organizations adaptive. In G. De Zeeuw & R. Glanville (Eds.), Collective support systems and their users (pp. 155-162). Amsterdam, The Netherlands: Thesis.

Weaver, R. G., & Farrell, J. D. (1997), Managers as facilitators. San Francisco: Berrett-Koehler. Williams, R. B. (1997), Twelve roles of facilitators for school change. Arlington Heights, IL: IRI/SkyLight Training and Publishing.

Wynn, R., & Guditus, C. W. (1984), Team management: Leadership by consensus. Columbus, OH: Charles E. Merrill.

Zenger, J. H. (1985, December), Leadership: Management's better half. Training, 44-53.

Zmuda, A., Kuklis, R., & Kline, E. (2004), Transforming schools: Creating a culture of continuous improvement. Alexandria, VA: Association of Supervision and Curriculum Development.

出 版 人　郑豪杰
责任编辑　杨建伟
版式设计　沈晓萌
责任校对　贾静芳
责任印制　叶小峰

图书在版编目（CIP）数据

贵在共识：达成团队共识的 70 种方法／（美）R. 布鲁斯·威廉姆斯（Robert Bruce Williams）著；张树金译 . --北京：教育科学出版社，2024.7 . --（学校引导力提升丛书）. --ISBN 978-7-5191-2169-3

Ⅰ. F272.9

中国国家版本馆 CIP 数据核字第 2024T3W159 号
北京市版权局著作权合同登记 图字：01-2018-6565

学校引导力提升丛书
贵在共识：达成团队共识的 70 种方法
GUI ZAI GONGSHI: DACHENG TUANDUI GONGSHI DE 70 ZHONG FANGFA

出 版 发 行	教育科学出版社			
社　　　址	北京·朝阳区安慧北里安园甲 9 号	邮　　　编	100101
总编室电话	010-64981290	编辑部电话	010-64981151
出版部电话	010-64989487	市场部电话	010-64989009
传　　　真	010-64891796	网　　　址	http://www.esph.com.cn
经　　　销	各地新华书店		
制　　　作	北京金奥都图文制作中心		
印　　　刷	河北鹏远艺兴科技有限公司		
开　　　本	720 毫米×1020 毫米　1/16	版　　　次	2024 年 7 月第 1 版
印　　　张	15.75	印　　　次	2024 年 7 月第 1 次印刷
字　　　数	194 千	定　　　价	59.80 元

图书出现印装质量问题，本社负责调换。

More Than 50 Ways to Build Team Consensus, 2nd Edition

By R. Bruce Williams

Copyright©2007 by Corwin Press, Inc.

CORWIN PRESS, INC. is the original publisher in Washington D.C., London, and New Delhi. This Simplified Chinese edition is translated and published by permission of CORWIN PRESS, INC. Educational Science Publishing House shall take all necessary steps to secure copyright in the Translated Work where it is distributed.

All rights reserved.

CORWIN PRESS, INC. 是原著的出版者，是 SAGE 在美国的子公司，原著图书在美国、英国和印度等英语国家发行。本书简体中文版由权利人授权教育科学出版社独家翻译出版。

未经出版社书面许可，不得以任何方式复制或抄袭本书内容。

版权所有，侵权必究。